LA ROSE, L'AMOUR, LA POĒSIE

LA ROSE, L'AMOUR, LA POÉSIE

ANTHOLOGIE DE JEANNE BARZILAÏ

Préface de René de Ceccatty

ÉDITIONS SEGHERS

92, AVENUE DE FRANCE, 75013 PARIS
DÉPÔT LÉGAL : OCTOBRE 2024
ISBN : 978-2-232-14803-3

Préface
par René de Ceccatty

Rose du sang, rose du Paradis

La rose est, comme le souligne avec élégance et érudition Jeanne Barzilaï dans son anthologie, le symbole par excellence de la poésie mondiale, dans quelque culture qu'elle fleurisse. Rares sont les lecteurs français qui seraient incapables de citer les vers de Ronsard ou de Malherbe s'y référant. Rares sont les lecteurs italiens qui n'évoqueraient pas la « *candida rosa* » du *Paradis* de Dante, expression de la pureté des âmes célébrant la naissance du Christ dans le sein intact de la Vierge et de la perfection de leur réunion après leur mort charnelle. Rares sont les lecteurs anglo-saxons qui ne réciteraient pas avec un sourire ravi le vers tautologique de Gertrude Stein ou ne chantonneraient une délicieuse chanson de Richard Norton mise en musique par Purcell (« *sweeter than roses...* »). Quant aux hispanisants, ils ne peuvent ignorer Rose de Lima, sainte vénérée dans toute l'Amérique du Sud. La métaphysique semble se résumer, pour Martin Heidegger, à la phrase énigmatique, mais que tous les théologiens connaissent, de Maître Eckhart : « La rose est sans pourquoi. » La poésie arabe préislamique, la poésie persane trouvent dans la rose la fleur de la sensualité. Et quel enfant occidental, grâce au film de Jean Cocteau et au dessin animé de Walt Disney, ignore que c'est en cueillant une rose que le père de la Belle enfreint l'interdit de la Bête et va faire de l'une de ses filles non seulement la proie sacrificielle, mais l'amoureuse du monstre ?

Quant aux petits Japonais, ils se souviendront aussi bien des roses de quelques rares haïkus que de celle de Versailles (dans un célèbre manga de Riyoko Ikeda racontant les aventures d'une femme travestie en homme, Lady Oscar, surnommée « la rose de Versailles », et que Jacques Demy adapta au cinéma).

Comme l'analyse dans sa postface Jeanne Barzilaï en justifiant sa sélection, la rose est porteuse de symboles évidents de beauté éphémère et tour à tour pure et vénéneuse, dans toutes les cultures. Qu'il s'agisse de la brièveté de sa vie, du contraste entre le velouté de ses pétales et les épines cruelles de sa tige, du cercle métaphysiquement parfait de sa forme, de l'indice climatique et saisonnier que sa floraison implique, de l'usage cosmétique ou alimentaire de son parfum et de son goût, de l'idée d'harmonie que suggère la composition de ses pétales, de la variation troublante de nuances et d'arômes, qui va de l'insipidité sirupeuse qui séduit les enfants ou les mangeurs de loukoums aux capiteux enivrements des relents de mort qui enchantent les sensualités décadentes, toute la gamme du symbolisme floral est là, ainsi que le montre la façon dont l'iconographie s'en est emparée, des enluminures du Moyen Âge autour du *Roman de la Rose*, si connu en Europe que Dante le traduisit et en proposa une suite en italien, aux œuvres symbolistes de Dante Gabriel Rossetti, de Lawrence Alma-Tadema (*Les Roses d'Héliogabale*), d'Odilon Redon et des impressionnistes.

Hector Berlioz, dans *Les Nuits d'été* que lui inspira Théophile Gautier, fit du « Spectre de la rose » un classique de la mélodie française, en exploitant, par ses accents musicaux déchirants, la symbolique double de la rencontre fugitive et oublieuse, et du souvenir nostalgique, dans une concentration d'émotions contradictoires qui permirent aux grandes chanteuses de se surpasser et à Nijinski de manifester, dans une chorégraphie et une interprétation célèbres, l'androgynie de la fleur. Comme plus tard Béjart dans son Golestan (*Le Jardin des roses*), créé au festival de Chiraz, en l'honneur de Saadi dont on trouvera ci-après un poème.

Mais souvent la rose n'est qu'une métaphore exprimant la douceur et la beauté, comme un terme de comparaison, et n'est pas décrite pour elle-même : c'est le cas d'un autre poème célèbre de Leconte de Lisle, mis en musique par Gabriel Fauré, « Les roses d'Ispahan », devenu une sorte de figure rhétorique. On finit du reste par accepter les stéréotypes les plus éculés que la rose suscite, tant on est grisé par les images que les poètes anciens ont célébrées, en écoutant des chansons qui répètent une leçon de sagesse chrétienne sur la précarité de la vie, pourvu que les vers, habilement tournés, soient portés par une ravissante mélodie et par une belle voix accordée à son contenu, comme « Mon amie la rose », souvent attribuée à Françoise Hardy, qui l'a rendue célèbre, mais écrite et composée par Cécile Caulier, que la chanteuse avait rencontrée au Petit Conservatoire de la chanson de Mireille. « On est bien peu de chose, et mon amie la rose me l'a dit ce matin… » Morale indémodable de la précarité et de l'éternité que l'interprétation orientalisante de Natacha Atlas a remise au goût du jour trente ans plus tard.

Ce n'était que la persistante continuation d'une longue tradition que le pétrarquisme (celui de Pétrarque lui-même et celui de la Pléiade, qui l'a imité) avait durablement installée en poésie. La rose est associée par le poète de Fontaine-de-Vaucluse à la beauté fragile de Laure, vouée à la mort et à la perte de son éclat.

Quelle est ma peur, quand il me ressouvient
Du jour où je laissai pensive et grave
Madame, et mon cœur avec elle, image
Que je n'évoque pas avec plaisir.

Je la revois se tenant humblement
Parmi d'autres beautés, comme une rose
Entre des fleurs des champs. Ni gaie, ni triste,
Insensible à tout sauf à la menace.

Et ne retrouve-t-on pas chez Cavafis une aussi morbide ambiguïté dans son poème intitulé « Désirs » ?

Ils sont comme de beaux corps que l'âge n'aurait pas atteints
et qu'on dépose avec des larmes dans un magnifique sépulcre,
des roses à la tête et, aux pieds, du jasmin –
ils ressemblent à de tels corps les désirs qui se sont éteints
sans se rassasier, sans avoir eu ne fût-ce
qu'une seule nuit de plaisir ou qu'un radieux matin.

Du côté de l'Orient vu par les Européens, dans le cycle de Shéhérazade de Ravel, on entend, dans le poème de Tristan Klingsor, la rose associée au sang :

Je voudrais voir des assassins souriants
Du bourreau qui coupe un cou d'innocent
Avec son grand sabre courbé d'Orient.
Je voudrais voir des pauvres et des reines ;
Je voudrais voir des roses et du sang ;
Je voudrais voir mourir d'amour ou bien de haine.
Et puis m'en revenir plus tard
Narrer mon aventure aux curieux de rêves
En élevant comme Sindbad ma vieille tasse arabe
De temps en temps jusqu'à mes lèvres
Pour interrompre le conte avec art...

Le trio sulfureux de Jean Genet, Yukio Mishima et Pier Paolo Pasolini s'est à son tour intéressé à cette fleur sous cet angle. Le premier y eut recours pour transfigurer l'abjection, le meurtre, la trahison sous une forme qui semblait les exclure, et rien mieux qu'elle ne lui paraissait permettre ce « miracle ». « Sa bouche écrasa sur la mienne la rose dérobée au mystérieux jardin d'Harcamone et dont je gardais la tige entre mes dents. Tous les vrais de la tôle durent frémir, et tous les criminels[1] ». Le deuxième imagina, une dizaine d'années avant de se suicider, de mêler à la rose l'idée même d'un supplice qu'il se serait infligé, sous le regard d'un objectif photographique[2]. Et le troisième donna à son troisième grand recueil un titre qui faisait de la rose l'essence même de sa poésie : *Poésie en forme de rose*[3]. Dans une confession lancinante, lui aussi s'exposait comme un crucifié floral (la rose, dans le recueil, se transforme en croix) dont chaque pétale est un nouveau martyre. Les trois écrivains étaient très fortement imprégnés de symbolique chrétienne (y compris le Japonais qui, dans *Confessions d'un masque*, raconte comment la figure de saint Sébastien suscitait en lui des fantasmes érotiques, homme-fleur dont les flèches

1 *Miracle de la rose*, L'Arbalète, 1946.
2 *Ordalie par les roses*, Eikō Hosoe, 1961.
3 Trad. par R. de Ceccatty, Rivages, 2015.

transperçant sa chair devenaient les épines de cette « rose charnelle », pour reprendre l'expression de Pasolini). Jean Genet, comme Sade avant lui, s'appuyait sur le rituel et le dogme catholiques pour établir une hiérarchie des crimes et des plaisirs blasphématoires. La rose virginale ne pouvait que jouer un rôle central dans une sensualité carcérale présentée comme fondamentalement morbide et impérieuse.

Par quelque aspect qu'on prenne l'usage poétique de la rose, on voit se confronter constamment volupté et mort, selon le principe de Baudelaire, et principes viril et féminin, *animus* et *anima*, chez la plupart des poètes.

Hélène Cixous[4] et, avant elle, Gaston Bachelard[5] se sont arrêtés sur les roses d'Elstir, peintre imaginaire, dans lequel il n'est pas interdit de reconnaître Manet, et qui, à travers une rose, devient le double de l'écrivain en habit de peintre, car sa rose, nous dit Bachelard, n'est pas « un substitut d'une réalité sensible », mais, selon les termes de Proust, « une variété nouvelle dont ce peintre, comme un ingénieux horticulteur, avait enrichi la famille des Roses[6] ». Bachelard écrira : « Entre toutes les fleurs, la rose est véritablement

4 *Lettres de fuite*, séminaire 2001-2004, Gallimard, 2020.
5 *La Poétique de l'espace*, PUF, 1961.
6 *Sodome et Gomorrhe*, 1921-1922.

un foyer d'images pour l'imagination des flammes végétales[7]. » On passe, comme souvent chez lui, d'un symbole à l'autre, d'un élément à l'autre.

Mais c'est assurément Dante qui fait de la rose la fleur cruciale de la foi et du poème. Béatrice interpelle l'auteur dans le 23e chant du *Paradis*[8] :

« Pourquoi t'éprendre de mes traits
Sans regarder le beau jardin
En fleurs sous les rayons du Christ ?

Il y fleurit la rose en qui
Le verbe divin s'est fait chair.
On sent les lys du bon chemin. »

Aussitôt des âmes élues sous forme de lumières enflamment le ciel et composent une ronde pour chanter une prière à la Vierge, maîtresse du Paradis :

« Amour angélique, je ceins
La joie sublime qui émane
Du ventre où fut conçu le Christ.

Et le ferai, Dame du ciel,
Tant que tu suivras ton fils et
Éclaireras la haute sphère. »

C'était la fin de la chanson
Chantée en ronde où résonnait
En chacun le nom de Marie.

---

7 *La Flamme d'une chandelle*, PUF, 1961.
8 *La Divine Comédie*, trad. par R. de Ceccatty, Points, 2017.

La rose est à la fois la fleur qui germe dans le ventre de la Vierge et la ronde qui la célèbre, ainsi que cela sera confirmé au chant 31 :

Sous forme d'une rose blanche
M'apparut la sainte milice
Que par son sang Dieu épousa.

[...]

Autour du centre, il y avait
Mille anges aux ailes ouvertes
Rivalisant d'éclat et d'art.

Près de leurs jeux et de leurs chants
Je vis rire une beauté jusque
Dans le regard joyeux des saints.

Et au chant 32, Saint Bernard décrit alors cette rose comme l'espace où les âmes élues trouvent leur juste place indiquée par la grâce.

Dans l'étendue de ce royaume
Le hasard n'a aucune place.
Pas plus que faim, soif ou tristesse.

Car c'est une éternelle loi
Qui établit ce que tu vois,
Juste comme la bague au doigt.

Tandis que saint Bernard adresse sa prière à la Vierge, Dante est aveuglé par la vision de la rose et perd parole et connaissance, si bien que tout n'est plus que souvenir d'un bébé qui vient de se réveiller. Et, comme en rêve, il croit garder encore sur sa rétine l'image d'un homme au centre de la rose, un homme qui, comme un fœtus, aurait pu être Dieu :

Lumière éternelle en toi sise,
Tu te comprends seule et tu t'aimes
Intelligente et souriante.

Ce cercle en toi m'apparaissait
Comme un reflet autour duquel
Mon regard voulait circuler

Et je crus distinguer au fond
L'image d'un homme dès que
J'approfondissais mon regard.

Je ressemblais au géomètre
Qui ne sait plus comment un cercle
Se mesure et cherche la règle.

Ce sont de tels accents mystiques que l'on retrouve chez le grand lecteur de Dante que fut Pasolini, qui du reste transformera la rose en calligrammes de croix à la fin de son recueil *Poésie en forme de rose* :

C'est une rose chair de douleur,
avec cinq roses incarnates,
cancers de rose dans la rose

première : au commencement était la Douleur.
Et la voici, Une et Quinte.
La première rose tardive signifie

(ah, une piqûre de morphine ! au secours !) :

Tu as tout faux, moche, mièvre!
L'idée de m'être trompé! Moi!
Vous comprenez? Moi! La déroute, la débâcle...

C'est fini : blasphémer, se suicider,
le soleil de rivière de Fiumicino
veut dire que je suis plein de sable

aveuglant, de limon émietté.
Dans le taxi, les pétales du cancer,
vers la Rome

resurgie, avec le vieux Pasolini maquereau
de lui-même, effondré, dégradé.
Et derrière l'erreur dans la question linguistique,

voici pétale incarnat sur pétale,
dans la Rose Quinte Finale, la Douleur Deux :
« l'erreur de toute une vie ».

Il n'est pas d'anthologie fermée. Le choix de Jeanne Barzilaï reflète assurément sa culture et sa sensibilité, mais chaque poème qu'elle a sélectionné en appelle un autre. Si bien que l'on doit considérer ce livre comme l'éventail japonais de Claudel, ou une sorte de palimpseste laissant surgir, dans ses plis ou dans ses ombres, d'autres poèmes que nous croyions avoir oubliés et qu'appellent ces citations choisies, devenant un autre volume incité par celui que nous avons entre nos mains. Et les noms absents rendent inévitablement visite aux hôtes de ce jardin, qui les invitent, ainsi que le montre cette préface qui est comme les fameuses fleurs japonaises citées par Proust[9], semblant éclore dans le « bol de porcelaine » de cette anthologie.

> Et comme dans ce jeu où les Japonais s'amusent à tremper dans un bol de porcelaine rempli d'eau de petits morceaux de papier jusque-là indistincts qui, à peine y sont-ils plongés, s'étirent, se contournent, se colorent, se différencient, deviennent des fleurs, des maisons, des personnages consistants et reconnaissables, de même maintenant toutes les fleurs de notre jardin et celles du parc de M. Swann, et les nymphéas de la Vivonne, et les bonnes gens du village et leurs petits logis et l'église et tout Combray et ses environs, tout cela qui prend forme et solidité, est sorti, ville et jardins, de ma tasse de thé.

9 *Du côté de chez Swann*, 1913.

« *Nulla rosa est.* »
(Il n’est nulle rose.)

Abélard

SAPPHO

(VIIe-VIe siècle av. J.-C.)

I. Sur la rose

Si Jupiter voulait donner une reine aux fleurs, la rose serait la reine de toutes les fleurs. Elle est l'ornement de la terre, la plus belle des plantes, l'œil des fleurs, l'émail des prairies, une beauté toujours suave et éclatante; elle exhale l'amour, attire et fixe Vénus : toutes ses feuilles sont charmantes; son bouton vermeil s'entr'ouvre avec une grâce infinie et sourit délicieusement aux zéphirs amoureux.

II.

Lorsque vous serez dans le tombeau, votre nom ne vous suivra point, il ne parviendra jamais à la postérité. Vous n'avez point cueilli des roses sur le mont Piérius : vous descendrez donc obscure, ignorée dans le sombre palais de Pluton; on vous oubliera entièrement quand vous serez allée rejoindre les ombres.

Poèmes, VIe siècle av. J.-C.

Trad. du grec par E. Falconnet
Les Petits Poèmes grecs, Desrez, 1838

Les adieux

Et je ne reverrai jamais ma douce Attys.
Mourir est moins cruel que ce sort odieux;
Et je la vis pleurer au moment des adieux.
Elle disait : « Je pars. Partir est chose dure. »
Je lui dis : « Sois heureuse, et va, car rien ne dure.
Mais souviens-toi toujours combien je t'ai aimée.
Nous tenant par la main, dans la nuit parfumée,
Nous allions à la source ou rôdions par les landes.
J'ai tressé pour ton cou d'entêtantes guirlandes;
La verveine, la rose et la fraîche hyacinthe
Nouaient sur ton beau sein leur odorante étreinte;
Les baumes précieux oignaient ton corps charmant
Et jeune. Près de moi reposant tendrement,
Tu recevais des mains des expertes servantes
Les mille objets que l'art et la mollesse inventent
Pour parer la beauté des filles d'Ionie...
Ô plaisir disparu! Joie à jamais finie!
L'éperdu rossignol charmait les bois épais,
Et la vie était douce et notre cœur en paix...

Trad. du grec par M. Yourcenar
La Couronne et la Lyre, Gallimard, 1979

DIOSCORIDE

(IIIe-IIe siècle av. J.-C.)

Ce qui m'affole, ce sont des lèvres de rose, babillardes, qui consument mon âme et sont le vestibule d'une bouche de nectar ; des prunelles qui étincellent sous des sourcils épais, filets et pièges où s'est pris mon cœur ; la paire des seins, blancs comme le lait, charmants, bien droits, plus charmants que toute fleur.

La Couronne de Méléagre, IIe siècle av. J.-C.

Trad. du grec par P. Luccioni
Il y a rose et rose, 2009

MÉLÉAGRE

(140-60 av. J.-C.)

De cette couronne de fleurs, cueillie déjà hier et cependant tout humide de parfum, couronne-moi en souvenir d'Elle; regarde, la rose, fleur des amants, pleure en voyant qu'Elle est ailleurs et non plus entre mes bras.

La Couronne, 100 av. J.-C.

Trad. du grec par P. Luccioni
Il y a rose et rose, 2009

OVIDE

(43 av. J.-C.-18 apr. J.-C.)

La beauté est un bien fragile : tout ce qui s'ajoute aux années la diminue; elle se flétrit par sa durée même; ni les violettes, ni les lis à la corolle ouverte ne sont toujours en fleurs, et, la rose tombée, l'épine se dresse seule. Toi aussi, bel adolescent, tu connaîtras bientôt les cheveux blancs; tu connaîtras bientôt les rides, qui sillonnent le corps. Forme-toi maintenant l'esprit, bien durable, qui sera l'appui de ta beauté : seul il subsiste jusqu'au bûcher funèbre.

L'Art d'aimer, Ier siècle

Trad. du latin par C. Héguin de Guerle et F. Lemaistre
L'Art d'aimer, Classiques Garnier, 1927

APULÉE

(env. 125-170 apr. J.-C.)

Photis se défait de sa robe. Elle est nue, la chevelure dénouée offerte en promesse de jouissance et de plaisir. On croirait voir Vénus sortant des flots marins, transfigurée de beauté et, de ses doigts gracieux de rose, ombrageant un peu aussi l'éblouissement lisse de son sexe, par calcul, plutôt que de le cacher par pudeur.

Métamorphoses, IIe siècle

Trad. du latin par Y. Battistini
La Séduction. Anthologie de la poésie érotique grecque et latine,
NiL, 1994

AUSONE

(309-394 apr. J.-C.)

La naissance des roses

L'aurore emprunte-t-elle aux roses sa rougeur ?
La leur confère-t-elle à la montée du jour ?
Même rosée, même couleur, même matin :
Car la même Vénus régit l'astre et la fleur.
Peut-être même odeur : mais l'une dans les airs
Élevés se dissipe, et l'autre nous est proche.
Déesse de l'étoile et de la fleur, Vénus
A voulu leur donner un même habit de pourpre.

Était venu l'instant où, naissants, les bourgeons
Des fleurs allaient s'ouvrir d'un même mouvement.
Telle verdoie, sous un étroit bonnet de feuilles,
Telle dévoile à peine un filet rouge pourpre,
Telle ouvre le sommet de son premier bouton
Et libère à son faîte une tête vermeille,
Telle déplie le voile assemblé sur son front,
Et déjà se prépare à compter ses pétales.
Révélant sans tarder son beau, riant calice,
Elle arbore l'or fauve enclos dans son cœur dense.

Telle dont flamboyait la chevelure en feu,
Ses pétales tombés l'abandonnent livide.
Si rapide est le rapt des heures fugitives !

À peine née la rose est déjà défraîchie.
Je parle, et la fleur courbe au sol sa tête rouge
La terre resplendit sous la jonchée vermeille.
Formes, naissances, multiples métamorphoses
Issues d'un même jour qu'un même jour consume !

Grâce des fleurs si courte, et navrante, ô Nature
Tu montres tes présents pour sitôt les ravir !
Autant que dure un jour la vie des roses dure,
Et leur adolescence est proche du grand âge.
Celle que l'astre rouge a vu naître au matin,
S'en revenant le soir, il la retrouve vieille.
Mais de devoir mourir en un si court espace,
Qu'importe : ses enfants prolongent sa présence.

Cueille la rose fraîche, ô fraîche jeune fille :
Ton âge, souviens-t'en, comme elle est éphémère.

Les Idylles

Trad. du latin par L.-É. Martin

FERDOWSI

(env. 932-env. 1020)

Ne renvoie pas à demain ce que tu dois faire aujourd'hui, car qui sait ce que le sort amènera demain ? Le jardin de roses est aujourd'hui en fleurs ; mais si tu veux y aller cueillir demain, il n'y aura plus de roses.

Trad. du persan par J. Mohl
Le Livre des rois, Tome I, Imprimerie nationale, 1876

OMAR KHAYYÂM

(env. 1048-1131)

Le Ciel ne fait fleurir la rose que par feinte :
pour la mieux effeuiller et noyer dans le sol.
Donc, le nuage, qui aspire son empreinte
fera pleuvoir le sang de nos amours défuntes.

Les Rubâ'iyât

Trad. du persan par V.-M. Monteil
Quatrains, Actes Sud, 2004

✦

Je tombais de sommeil et la sagesse me dit :
Jamais dans le sommeil la rose du bonheur n'a fleuri
pour personne...
La saison des roses et du vin et des compagnons ivres !
Sois heureux un instant, cet instant c'est ta vie.

Les Rubâ'iyât

Trad. du persan par C. Grolleau
Quatrains, Mille et une nuits,
département de la Librairie Arthème Fayard, 1995,
pour la traduction française

Vois, la brise a déchiré la robe de la rose,
De la rose dont le rossignol s'était enamouré;
Faut-il pleurer sur elle, faut-il pleurer sur nous?
La mort viendra nous effeuiller et d'autres roses
refleuriront.

Les Rubâ'iyât

Trad. du persan par C. Grolleau
Quatrains, Mille et une nuits,
département de la Librairie Arthème Fayard, 1995,
pour la traduction française

✦

La saison des roses est venue. Je veux réaliser mon
rêve.
Aller jusqu'au bout de l'envie qui me prend
d'enfreindre la loi!
Pour quelques jours être invité par des beautés aux
hanches fraîches
Et voir naître un champ de tulipes en répandant mon
vin grenat.

Trad. du persan par P. Seghers
Les Rubâ'iyât, Seghers, 2024

Je dormais. Je crus entendre la voix d'un sage.
« Dans le sommeil
Jamais la rose du bonheur ne s'est ouverte pour personne.
Alors, pourquoi t'abandonner, toi vivant, à une autre mort ?
Réveille-toi et bois du vin. Tu as des siècles pour dormir ! »

Trad. du persan par P. Seghers
Les Rubâ'iyât, Seghers, 2024

✦

Quand tu seras en compagnie d'un long cyprès à taille souple
D'une beauté au teint de rose, ne t'éloigne pas du jardin
Serre précieusement ta coupe. Le vent disperse les pétales
Il dispersera en lambeaux ce qui semblait être ton bien.

Trad. du persan par P. Seghers
Les Rubâ'iyât, Seghers, 2024

IBN ZEYDOUN DE CORDOUE

(env. 1003-1071)

J'ai pensé à toi

J'ai pensé à toi avec nostalgie à Al Zahra, l'horizon était clair et la surface de la terre limpide
Au crépuscule la brise faiblit, comme si sa faiblesse compatissait à ma langueur
Et les eaux argentées du jardin souriaient comme l'apparition furtive d'un cou entre les plissés d'une écharpe
Un jour, comme l'un de nos jours de bonheur passés, que nous avons gardé pour nous comme des voleurs, lorsque le destin s'est assoupi
Nous regardions les fleurs tellement recouvertes de rosée qu'elles pliaient sous son poids
Comme si, conscientes de mon angoisse, elles pleuraient pour moi et leurs larmes scintillaient en coulant
Une rose resplendissait tellement là où elle poussait que la lumière du soleil de midi qui la baignait en devenait plus brillante.

Trad. de l'arabe par A. Miquel
Pour l'amour de la Princesse, Sindbad, 2009

GUILLAUME DE LORRIS
(env. 1200-1238)

Il s'en faut de peu que mon cœur ne se brise
quand je me souviens de la rose,
dont il me faut rester si loin.

[...]

Je veux aimer, quel que soit le résultat,
la rose à laquelle je me suis voué :
jamais mon cœur ne sera rempli d'un autre désir.

Le Roman de la rose, 1230-1280

DJALÂL-OD-DÎN RÛMI

(1207-1273)

La rose est un jardin secret où se cachent des arbres.
Cent roses sont pareilles. Elle est unique.
Il est un océan sans bornes ni rivages.
De son onde naissent mille ondes dans mille âmes.

Trad. du persan par E. de Vitray-Meyerovitch
Mathnawî. La quête de l'absolu, Le Rocher, 2014

✦

Ce que Dieu dit à la rose, a provoqué son rire et fait s'épanouir sa beauté, Il l'a dit à mon cœur et l'a rendu cent fois plus beau.

Trad. du persan par E. de Vitray-Meyerovitch
Mathnawî. La quête de l'absolu, Le Rocher, 2014

✦

La patience n'est pas de s'asseoir et d'attendre, c'est de prévoir. C'est regarder l'épine et voir la rose. Regarder la nuit et voir le jour. Les amoureux sont patients et savent, que la lune a besoin de temps pour se remplir.

Trad. du persan par E. de Vitray-Meyerovitch
Mathnawî. La quête de l'absolu, Le Rocher, 2014

Ce matin au jardin j'ai cueilli des roses et je craignais d'être vu par le jardinier. Je l'entendis me dire avec douceur : qu'est-ce que des fleurs ?

Je te donne tout le jardin.

[...]

J'ai dit : « Ne te tiens pas triste auprès du Bien-Aimé, ne reste qu'avec ceux dont le cœur est tendre et doux. Quand tu entres dans le jardin, ne va pas vers les épines, ne reste qu'avec les roses, les jasmins et les églantines.

L'amour est sans origine, c'est un océan sans bornes. C'est la mer infinie et les secrets antiques.

Ne va pas au jardin des fleurs, ô ami, n'y va pas,
en toi est le jardin des fleurs. Va vers les hauteurs,
là où n'existent ni haut, ni bas. Plus la main et le cœur
sont vides, plus ils sont heureux.
La liberté du cœur est meilleure que tout.

Dans le mouvement, il est certain que la liberté devient sans contrainte. L'eau du puits et celle de la rosée sont rendues différentes par cela. »

Trad. du persan par E. de Vitray-Meyerovitch
Le Livre du dedans, Sindbad, 1989

Les mystiques sont amis intimes du Roi,
tout le reste qui existe n'est rien.

La lune a obtenu la lumière
parce qu'elle ne craignait pas la nuit.

La rose a pris le parfum parce qu'elle s'est entendue
avec l'épine.

Je veux te tenir un langage sans paroles, un langage
secret pour toutes les oreilles, nul, sauf toi,
n'entendra ce que j'ai à dire.

Assieds-toi avec l'amour, qui est l'essence de ton âme,
recherche celui qui est éternellement auprès de toi.

Trad. du persan par E. de Vitray-Meyerovitch
Le Livre du dedans, Sindbad, 1989

SAADI
(env. 1210-1292)

Un sage avait une fois passé sa tête dans le collet de la méditation, et il se trouvait en extase. Lorsqu'il sortit de cet état, l'un de ses compagnons lui dit en plaisantant :

« Quel don nous as-tu apporté de ce jardin où tu étais ?

— J'avais dans l'esprit, dit le sage, que, quand je parviendrais au rosier, je remplirais de roses le pan de ma robe, pour les offrir à mes amis. Mais lorsque j'arrivai près des roses, leur parfum m'enivra tellement que le pan de ma robe me tomba des mains. »

Rossignol,
Apprends du papillon la manière d'aimer
L'ivresse de son vol le consume en silence
Présomptueux sont ceux qui traquent le divin
L'initié n'en dit rien et en perd connaissance.

Ô Toi qui transcendes les sentiments, l'imagination et la pensée
Et tout ce qu'on a dit, et lu, et entendu
Le rideau est tombé, notre vie est finie
Nous n'avions commencé qu'à épeler Ton nom.

[...]

Au matin, lorsque l'intention de rentrer l'emporta, je vis mon ami qui avait rempli le pan de sa robe de roses, de basilics, d'hyacinthes et d'amarantes. Il projetait d'aller à la ville. Je lui dis :

« Comme tu le sais, la rose du jardin ne dure pas. Il n'y a point la moindre fidélité dans les promesses des parterres, et les sages ont dit : "Toute chose qui ne dure pas ne convient pas à l'amour."

– Mais alors, me dit-il, quelle serait la route à suivre, d'après toi ?

– Et si je composais, pour le plaisir des lecteurs et l'amusement des esprits, le livre du "Jardin des roses" ? Le vent de l'automne ne ravagera plus de sa violence les pétales, et les révolutions du temps ne changeront plus les douceurs du printemps en rigueurs d'arrière-saison. »

À quoi peut te servir un plateau plein de roses ?
Un pétale du Jardin des roses *te suffira*
La fleur en quelques jours est morte
Vivant, mon jardin restera !

Je n'avais pas fini de parler, que mon ami laissa échapper les roses qu'il avait jetées dans le pan de sa robe. Il saisit la mienne et me dit : « Un homme généreux ne promet que ce qu'il peut tenir. »

Le Jardin de roses, XIIIe siècle

Trad. du persan par P. Seghers
Gulistan, Seghers, 2024

HÂFEZ

(env. 1325-1390)

À cette source elle a bu.
Elle est morte – et la source n'a pas tari.

À ce miel elle a goûté.
Elle est morte – et le miel est resté aussi doux.

Sur ce rosier elle s'est penchée.
Elle est morte – et le rosier fleurit toujours.

Mais mon cœur, elle l'avait pris entre ses mains.
Elle est morte – et mon cœur repose dans sa tombe.

Trad. du persan par M. Ferté,
Ghazels, Bossard, 1925

Du rossignol, qui de son cœur a bu le sang, naît une rose. Mais ce pauvre cœur, vent cruel, sur quelles ronces tu le poses ?

Un oiseau de mille couleurs s'enchantait des douceurs écloses, quand le torrent noir du Néant ravagea soudain toutes choses.

Fruit de mon cœur, joie de mes yeux, qu'il t'en souvienne : il est facile de venir au monde et de vivre. Partir est le plus difficile.

Vas-tu remettre au lendemain ce qu'aujourd'hui la vie t'apporte ? mon cœur, le plaisir s'en va, il faut le saisir à son jour !

Précieuse est la rose, et jolie. Apprends à cueillir sa présence : du jardin, elle s'en ira, plus fugitive que l'amour.

Trad. du persan par P. Seghers
Le Livre d'or du Divân, Seghers, 2024

Sans la joue rose de l'aimée, qui peut dire belle la rose, et sans un gobelet de vin, qui peut dire le printemps doux ?

Sans l'amour aux joues de tulipe, qui peut connaître le jardin et s'enivrer de ses parfums, de l'air léger qui les dénoue ?

Le cyprès qui ondule au vent, le cœur de la rose qui s'ouvre, autant d'amours à partager, autant de chansons et de goûts.

Lèvres de sucre sans baisers, beauté de rose sans étreinte, ce sont des mots, cela n'est rien, l'amour se fait ou il nous floue !

[...]

Dans le jardin des roses, hier, l'aube pointait. La nuit passée, dans mon ivresse s'effaçait. J'étais pareil au rossignol.

Dans son éclat, je contemplais la rose rouge à peine éclose. La sombre nuit se déchirait, la rose en était le flambeau.

D'être nouvelle et la plus belle donnait tant d'orgueil à la rose qu'elle s'ouvrait sans s'inquiéter du rossignol, ni de son chant.

Le beau narcisse se dressait, pleurait de désir. La tulipe s'échancrait et se déchirait et se blessait en ses tourments.

Le lys tendait son long pistil, langue et poignard pour la querelle, et l'anémone allait s'ouvrir, bouche basse des délateurs.

Alors, tantôt bouteille en main, fidèle au geste de l'ivresse, tantôt la coupe entre les doigts, comme les échansons le font.

Sois cette rose aussi, Hâfez, tout aux plaisirs de la jeunesse! Je passais, le jour se levait, je ne voulais que t'avertir...

Trad. du persan par P. Seghers
Le Livre d'or du Divân, Seghers, 2024

PÉTRARQUE
(1304-1374)

L'aure légère haleine, heureuse de courir
Sur le laurier brillant et sur les blondes tresses,
Fait par ses jeux divers et ses mille caresses
Les âmes de leur corps émigrer pour souffrir.

C'est une rose pure. En a-t-on vu s'ouvrir
Une telle parmi les plus enchanteresses ?
Une plus digne enfin d'amoureuses tendresses ?
Avant elle, ô mon Dieu, que je voudrais mourir.

Car ne serait-ce pas une douleur publique
Si la mort enlevait ce trésor angélique,
Si le monde perdait cet astre radieux ?

Et moi, vivrais-je encor sans l'unique pensée
Qui me remplit le cœur, sans la voix cadencée
Dont j'écoute, ravi, les chants mélodieux ?

Sonnets, CCVIII, 1340-1360

Trad. du toscan par P. Le Duc
Les Sonnets de Pétrarque, Léon Willem, 1877

L'ARIOSTE
(1474-1533)

Choisis donc une femme au printemps de ses jours.
Si celle qui causa ton amoureuse envie
A précédé tes pas au chemin de la vie,
Bientôt tu la verras, trop passagère fleur,
Perdre ce doux éclat qui fesait ton bonheur.
Ô femmes ! vos attraits passent comme la rose !

Cinquième satire, 1520

Trad. libre de l'italien par Méchin-Desquins, 1846

✦

La jeune fille est semblable à la rose
Dont, au jardin, sur sa native épine,
Tant que seule et tranquille elle repose,
Ni bêtes ni bergers ne s'avoisinent ;
Le vent suave, et la rosée de l'aube,
La terre et l'eau en sa faveur s'inclinent ;
Jeunes amants, dames énamourées
Aim' en avoir le sein, le front parés.

Roland furieux, 1516

Trad. de l'italien par F. Reynard
Roland furieux, Gallimard, 2003

CLÉMENT MAROT

(1496-1544)

De la rose

La belle Rose, à Vénus consacrée,
L'œil et le sens de grand plaisir pourvoit;
Si vous dirai, dame qui tant m'agrée,
Raison pourquoi de rouges on en voit.

Un jour Vénus son Adonis suivait
Parmi jardin plein d'épines et branches,
Les pieds sont nus et les deux bras sans manches,
Dont d'un rosier l'épine lui méfait;
Or étaient lors toutes les roses blanches,
Mais de son sang de vermeilles en fait.

De cette rose ai jà fait mon profit
Vous étrennant, car plus qu'à autre chose,
Votre visage en douceur tout confit,
Semble à la fraîche et vermeillette rose.

Épigrammes (Livre I), 1538

PIERRE DE RONSARD

(1524-1585)

Mignonne, allons voir si la rose

À Cassandre

Mignonne, allons voir si la rose
Qui ce matin avait déclose
Sa robe de pourpre au Soleil,
A point perdu cette vêprée
Les plis de sa robe pourprée,
Et son teint au vôtre pareil.

Las ! voyez comme en peu d'espace,
Mignonne, elle a dessus la place
Las ! las ses beautés laissé choir !
Ô vraiment marâtre Nature,
Puis qu'une telle fleur ne dure
Que du matin jusques au soir !

Donc, si vous me croyez, mignonne,
Tandis que votre âge fleuronne
En sa plus verte nouveauté,
Cueillez, cueillez votre jeunesse :
Comme à ceste fleur la vieillesse
Fera ternir votre beauté.

Les Odes, 1550-1552

Prends cette rose

Prends cette rose aimable comme toi,
Qui sers de rose aux roses les plus belles,
Qui sers de fleur aux fleurs les plus nouvelles,
Qui sers de Muse aux Muses et à moi.

Prends cette rose, et ensemble reçois
Dedans ton sein mon cœur qui n'a point d'ailes :
Il vit blessé de cent plaies cruelles,
Opiniâtre à garder trop sa foi.

La rose et moi différons d'une chose :
Un Soleil voit naître et mourir la rose,
Mille Soleils ont vu naître mon amour
Qui ne se passe, et jamais ne repose.

Que plût à Dieu que mon amour éclose,
Comme une fleur, ne m'eût duré qu'un jour.

Premier livre des amours, 1560

Comme on voit sur la branche

Comme on voit sur la branche au mois de Mai la rose
En sa belle jeunesse, en sa première fleur
Rendre le ciel jaloux de sa vive couleur,
Quand l'Aube de ses pleurs au point du jour l'arrose :

La grâce dans sa feuille, et l'amour se repose,
Embaumant les jardins et les arbres d'odeur :
Mais battue ou de pluie, ou d'excessive ardeur,
Languissante elle meurt feuille à feuille déclose :

Ainsi en ta première et jeune nouveauté,
Quand la terre et le ciel honoraient ta beauté,
La Parque t'a tuée, et cendre tu reposes.

Pour obsèques reçois mes larmes et mes pleurs,
Ce vase plein de lait, ce panier plein de fleurs,
Afin que vif, et mort, ton corps ne soit que roses.

Second livre des amours, 1556

Quand vous serez bien vieille...

Quand vous serez bien vieille, au soir, à la chandelle,
Assise auprès du feu, dévidant et filant,
Direz, chantant mes vers, en vous émerveillant :
Ronsard me célébrait du temps que j'étais belle.

Lors, vous n'aurez servante oyant telle nouvelle,
Déjà sous le labeur à demi sommeillant,
Qui au bruit de mon nom ne s'aille réveillant,
Bénissant votre nom de louange immortelle.

Je serai sous la terre et fantôme sans os :
Par les ombres myrteux je prendrai mon repos :
Vous serez au foyer une vieille accroupie,

Regrettant mon amour et votre fier dédain.
Vivez, si m'en croyez, n'attendez à demain :
Cueillez dès aujourd'hui les roses de la vie.

Sonnets pour Hélène, 1578

FRANÇOIS DE MALHERBE
(1555-1628)

[...]

Mais elle était du monde, où les plus belles choses
Ont le pire destin ;
Et rose elle a vécu ce que vivent les roses,
L'espace d'un matin.

Consolation à Monsieur du Perrier
sur la mort de sa fille, 1599

WILLIAM SHAKESPEARE

(1564-1616)

Les yeux de ma maîtresse au soleil ne ressemblent,
Le corail est plus rouge que ne le sont ses lèvres,
Et si la neige est blanche, ma foi, son sein est brun;
Ses cheveux sont des fils, mais fils noirs et non d'or.
La rose de Damas, je l'ai vue rouge et blanche,
Mais je ne vois pareilles roses sur ses joues;
Et il est des parfums bien plus délicieux
Que l'haleine exhalée, impure, de ses lèvres.
J'aime entendre sa voix et je sais bien pourtant
Que plaisent davantage les sons de la musique.
Je n'ai vu, je l'avoue, marcher une déesse;
Ma maîtresse en marchant a les pieds sur le sol.
Mais, par le ciel, mon amour à mes yeux vaut bien
Toute femme affublée de fausses métaphores.

Sonnets – 130

Trad. de l'anglais par R. Ellrodt
Œuvres complètes, Bouquins, 2002

Qu'y a-t-il dans un nom ? Ce que nous appelons une rose embaumerait autant sous un autre nom.

Roméo et Juliette, II, 2

Trad. de l'anglais par F.-V. Hugo
Œuvres complètes, Pagnerre, 1859-1866

EDMUND WALLER
(1606-1687)

Va, belle rose !
Dis-lui que c'est un temps perdu pour elle et pour moi,
Que maintenant elle sait,
Quand je la compare à toi,
Combien elle paraît douce et belle...

Poèmes, 1645

Trad. de l'anglais par D. Boratav

ANTOINE FURETIÈRE

(1619-1688)

Saint Basile dit qu'à la naissance du monde les roses étaient sans épines, et qu'elles eurent des pointes, à mesure que les hommes méprisèrent leur beauté.

Dictionnaire universel, 1690

KARADJA OGHLAN

(XVIIe siècle)

J'ai parcouru maints pays étrangers,
je n'ai pas trouvé de chemin menant au monde.
Des roses, j'en ai vu par milliers dans les jardins,
aucune ne ressemblait à ma bien-aimée.

Je me suis lassé du langage amer des hommes
des longues années pleines de tristesse.
En espérant de l'aide des torrents qui coulent
je n'ai pu trouver d'aussi ruisselants que moi-même.

Je me suis consumé à toutes les flammes
je me suis cloué à un poignard
le cœur percé je suis tombé
et je n'ai pas trouvé de main pour me relever.

Le monde reste sourd à mes appels,
désormais je n'attends plus rien du destin,
toi seule, mon âme, tu connais mon état
je n'ai pas trouvé de mots pour dire ma peine.

Je suis le rossignol qui gémit en détresse
j'ai beau crier, ma rose ne m'entend pas.
Mort secourable, dit Karadja-Oghlan
je n'ai trouvé d'autre issue que la tombe.

Trad. du turc par G. Chaliand
Je n'ai pas trouvé de chemin menant au monde,
Éditions de l'Aube, 2013

ANGELUS SILESIUS
(1624-1677)

La rose est sans pourquoi, fleurit parce qu'elle fleurit ;
Sans souci d'elle-même, ni désir d'être vue.

Le Pèlerin chérubinique (Livre I, poème 289)

Trad. de l'allemand par C. Jordens
Le Pèlerin chérubinique, Cerf, 1994

✦

La rose que contemple ici-bas ton œil de chair
A déjà fleuri de la sorte en Dieu dans l'éternel.

Le Pèlerin chérubinique (livre I, poème 108)

Trad. de l'allemand par C. Jordens
Le Pèlerin chérubinique, Cerf, 1994

BASHŌ

(1644-1694)

Les pétales de la rose jaune
Est-ce qu'ils frémissent et tombent
Au bruit de l'eau bondissante ?

Trad. du japonais par R. Munier
Haïku, Librairie Arthème Fayard, 1978,
pour la traduction française

GOETHE
(1749-1832)

Sous la rose, le silence est parfait.

WILLIAM BLAKE

(1757-1827)

La rose malade

Ô Rose, tu languis !
Car le ver invisible
Qui vole dans la nuit,
Dans la hurlante trombe,

A su trouver ton lit
De jouissance pourpre ;
Son secret amour sombre
Anéantit ta vie.

Les Chants de l'innocence et de l'expérience, 1789

Trad. de l'anglais par L.-É. Martin

Mon beau Rosier

Une fleur me fut offerte
Telle que Mai n'en enfanta jamais ;
Mais je me dis : « J'ai un beau rosier. »
Et je négligeai la douce fleur.

Puis j'allais voir mon beau rosier
Pour le soigner jour et nuit ;
Mais ma rose se détourna avec jalousie
Et ses épines furent mes seules délices.

Les Chants de l'innocence et de l'expérience, 1789

Trad. de l'anglais par M.-L. et P. Soupault
Chants d'innocence et d'expérience,
La Table ronde, 2007

ROBERT BURNS

(1759-1796)

Une rose rouge, rouge

Ô mon amour est tel une rose rouge, rouge
Qui vient d'éclore en juin :
Ô mon amour est comme la mélodie
Justement, tendrement chantée.

Tu es si belle, ma bonne amie,
Que je suis fou d'amour ;
Et toujours je t'aimerai, ma très chère,
Jusqu'à l'assèchement des mers.

Jusqu'à l'assèchement des mers, ma très chère,
La fonte des rocs au soleil ;
Et je t'aimerai encore, ma très chère,
Le temps du sable de la vie.

Je te dis adieu mon unique amour,
Pour quelque temps te dis adieu !
Et je reviendrai, mon amour,
Même étant à dix mille lieues.

Ballades, 1794

Trad. de l'anglais (Écosse) par P. Mathé

FRIEDRICH HÖLDERLIN
(1770-1843)

La moitié de la vie

Lourde de poires jaunes
Et pleine de roses sauvages
La terre est penchée sur le lac,
Et vous, cygnes charmants,
Enivrés de baisers,
Vous trempez votre tête
Dans l'eau sobre et sacrée.

Où, malheureusement, irai-je prendre,
Quand vient l'hiver, les fleurs, où
L'or du soleil,
Et l'ombre de la terre ?
Les murs sont là
Muets et froids, dans le vent
Les bannières tintent.

Trad. de l'allemand par J.-P. Lefebvre
Anthologie bilingue de la poésie allemande, Gallimard, 1993

THOMAS MOORE

(1779-1852)

L'ultime rose de l'été

C'est l'ultime rose de l'été,
La seule encore fleurie;
Toutes ses belles compagnes
Ont fané et dépéri;
Plus une fleur pareille,
Ni bouton de rose à venir,
Pour réfléchir ses rougeurs
Répondre à ses soupirs!

Je ne te laisserai pas, toi la solitaire,
Languir sur ton pédicelle;
Puisque les belles dorment,
Va, dors avec elles;
Ainsi doucement j'éparpille
Tes pétales au jardin,
Où sur le sol tes amies
Gisent sans vie, sans parfum.

Et à mon tour je suivrai
Quand les amitiés flétrissent,
Et du radieux cercle d'amour
Les joyaux s'évanouissent!

Quand desséchés gisent les cœurs sincères,
Et s'envolent les êtres aimés,
Oh! Qui habiterait seul
Ce monde désolé?

Trad. de l'anglais (Irlande) par D. Boratav

MARCELINE DESBORDES-VALMORE

(1786-1859)

Trop tard

Il a parlé. Prévoyante ou légère,
Sa voix cruelle et qui m'était si chère
A dit ces mots qui m'atteignaient tout bas :
« Vous qui savez aimer, ne m'aimez pas !

« Ne m'aimez pas si vous êtes sensible,
« Jamais sur moi n'a plané le bonheur.
« Je suis bizarre et peut-être inflexible ;
« L'amour veut trop : l'amour veut tout un cœur
« Je hais ses pleurs, sa grâce ou sa colère ;
« Ses fers jamais n'entraveront mes pas. »

Il parle ainsi, celui qui m'a su plaire
Qu'un peu plus tôt cette voix qui m'éclaire
N'a-t-elle dit, moins flatteuse et moins bas :
« Vous qui savez aimer, ne m'aimez pas !

« Ne m'aimez pas ! l'âme demande l'âme.
« L'insecte ardent brille aussi près des fleurs :
« Il éblouit, mais il n'a point de flamme ;
« La rose a froid sous ses froides lueurs.
« Vaine étincelle échappée à la cendre,
« Mon sort qui brille égarerait vos pas. »

Il parle ainsi, lui que j'ai cru si tendre.
Ah! pour forcer ma raison à l'entendre,
Il dit trop tard, ou bien il dit trop bas :
« Vous qui savez aimer, ne m'aimez pas. »

Poésies inédites, 1860

Le dernier rendez-vous

Mon seul amour! embrasse-moi.
Si la mort me veut avant toi,
Je bénis Dieu; tu m'as aimée!
Ce doux hymen eut peu d'instants :
Tu vois; les fleurs n'ont qu'un printemps,
Et la rose meurt embaumée.
Mais quand, sous tes pieds renfermée,
Tu viendras me parler tout bas,
Crains-tu que je n'entende pas?

[...]

Romances, 1830

Les roses de Saadi

J'ai voulu ce matin te rapporter des roses;
Mais j'en avais tant pris dans mes ceintures closes
Que les nœuds trop serrés n'ont pu les contenir.

Les nœuds ont éclaté. Les roses envolées
Dans le vent, à la mer s'en sont toutes allées.
Elles ont suivi l'eau pour ne plus revenir;

La vague en a paru rouge et comme enflammée.
Ce soir, ma robe encore en est tout embaumée
Respires-en sur moi l'odorant souvenir.

Poésies inédites, 1860

PERCY SHELLEY

(1792-1822)

Musique, quand les voix douces meurent

La musique, quand les voix douces meurent,
Vibre dans la mémoire — Les
odeurs, quand les douces violettes écœurent,
Vivent dans le sens qu'elles vivifient.

Les feuilles de rose, quand la rose est morte,
Sont entassées pour le lit de l'aimée;
Et ainsi tes pensées, quand tu seras parti, l'
Amour lui-même s'endormira.

Poèmes posthumes, 1824

Trad. de l'anglais par R. Davreu
Odes au vent d'Ouest, Corti, 1998

ALEXANDRE POUCHKINE

(1799-1837)

La rose et le rossignol

Dans l'ombre et le silence et la nuit du printemps
Chante le rossignol aux jardins d'Orient,
Chante son chant d'amour pour l'insensible rose
Qui ne l'écoute pas, se balance et repose.
Tel celui qui célèbre une froide beauté;
Éveille-toi, poète, à quoi sert de chanter?
Insensible au poète ainsi l'ignore-t-elle,
Belle à qui la regarde, et sourde à qui l'appelle.

Décembre 1826 - février 1827

Trad. du russe par J.-L. Moreau

ALPHONSE DE LAMARTINE
(1790-1869)

Le papillon

Naître avec le printemps, mourir avec les roses,
Sur l'aile du zéphyr nager dans un ciel pur,
Balancé sur le sein des fleurs à peine écloses,
S'enivrer de parfums, de lumière et d'azur,
Secouant, jeune encor, la poudre de ses ailes,
S'envoler comme un souffle aux voûtes éternelles,
Voilà du papillon le destin enchanté!
Il ressemble au désir, qui jamais ne se pose,
Et sans se satisfaire, effleurant toute chose,
Retourne enfin au ciel chercher la volupté!

Nouvelles méditations poétiques, 1823

Élégie

Cueillons, cueillons la rose au matin de la vie;
Des rapides printemps respire au moins les fleurs.
Aux chastes voluptés abandonnons nos cœurs,
Aimons-nous sans mesure, à mon unique amie! [...]

Nouvelles méditations poétiques, 1823

À El***

Lorsque seul avec toi, pensive et recueillie,
Tes deux mains dans la mienne, assis à tes côtés,
J'abandonne mon âme aux molles voluptés
Et je laisse couler les heures que j'oublie;
Lorsqu'au fond des forêts je t'entraîne avec moi,
Lorsque tes doux soupirs charment seuls mon oreille,
Ou que, te répétant les serments de la veille,
Je te jure à mon tour de n'adorer que toi;
Lorsqu'enfin, plus heureux, ton front charmant
repose
Sur mon genou tremblant qui lui sert de soutien,
Et que mes doux regards sont suspendus au tien
Comme l'abeille avide aux feuilles de la rose;
Souvent alors, souvent, dans le fond de mon cœur
Pénètre comme un trait une vague terreur;
Tu me vois tressaillir; je pâlis, je frissonne,
Et troublé tout à coup dans le sein du bonheur,
Je sens couler des pleurs dont mon âme s'étonne.
Tu me presses soudain dans tes bras caressants,
Tu m'interroges, tu t'alarmes,
Et je vois de tes yeux s'échapper quelques larmes
Qui viennent se mêler aux pleurs que je répands.
« De quel ennui secret ton âme est-elle atteinte?

Me dis-tu : cher amour, épanche ta douleur;
J'adoucirai ta peine en écoutant ta plainte,
Et mon cœur versera le baume dans ton cœur. »
Ne m'interroge plus, à moitié de moi-même!
Enlacé dans tes bras, quand tu me dis : Je t'aime;
Quand mes yeux enivrés se soulèvent vers toi,
Nul mortel sous les cieux n'est plus heureux que moi?
Mais jusque dans le sein des heures fortunées
Je ne sais quelle voix que j'entends retentir
Me poursuit, et vient m'avertir
Que le bonheur s'enfuit sur l'aile des années,
Et que de nos amours le flambeau doit mourir!
D'un vol épouvanté, dans le sombre avenir
Mon âme avec effroi se plonge,
Et je me dis : Ce n'est qu'un songe
Que le bonheur qui doit finir.

Nouvelles méditations poétiques, 1823

JOHN KEATS
(1795-1821)

À un ami qui m'avait envoyé des roses

Comme j'errais à travers les champs en liesse,
Alors que l'alouette secoue la tremblante rosée
Qui perle sur le trèfle, son abri – quand à nouveau
Les chevaliers d'aventure se saisissent de leurs
  boucliers bossués : –
Je vis la fleur la plus délicate que produise la sauvage
  nature,
Une rose musquée fraîchement épanouie ; c'était la
  première qui distillât
Son parfum sur l'été : gracieuse elle croissait
Semblable à la baguette que manie la reine Titania.
Et comme je me régalais de son odeur,
Je pensais qu'elle surpassait de beaucoup la rose des
  jardins :
Mais quand, ô Wells ! tes roses me parvinrent
Mes sens furent délicieusement charmés
Elles avaient de douces voix, qui plaidaient
  tendrement
Murmurant les mots de paix, de sincérité et d'amitié
  indomptable.

Trad. de l'anglais par P. Gallimard
Poèmes et poésies, Mercure de France, 1910

RALPH WALDO EMERSON

(1803-1882)

La rose est parfaite

L'homme est frileux et timoré; il ne se tient plus droit; il n'ose pas dire « je pense », « je suis », mais il cite tel ou tel, saint ou sage. Il a honte devant le brin d'herbe ou la rose qui s'ouvre. Ces roses sous ma fenêtre ne font aucune référence à des roses antérieures ou à des roses plus belles; elles sont pour ce qu'elles sont; elles existent avec Dieu aujourd'hui. Pour elles le temps n'est point. Il y a simplement la rose; elle est parfaite à chaque instant de son existence. Avant qu'un bourgeon de feuille ne soit ouvert, toute sa vie est à l'œuvre; dans la fleur épanouie il n'y a rien de plus; dans la racine sans feuille il n'y a rien de moins. Sa nature est satisfaite et elle satisfait la nature à chaque instant de la même manière. Mais l'homme renvoie à plus tard ou se souvient; il ne vit pas dans le présent mais le regard tourné en arrière, regrette le passé ou, sans prêter attention aux richesses qui l'entourent, se dresse sur la pointe des pieds pour apercevoir l'avenir. Il ne pourra pas être heureux et fort tant qu'il ne vivra pas lui aussi, en accord avec la nature, au présent et au-dessus du temps.

La Confiance en soi, 1842

Trad. de l'anglais (États-Unis) par M. Bégot
La Confiance en soi, Payot & Rivages,
coll. « Petite Bibliothèque Rivages », 2018

VICTOR HUGO

(1802-1885)

Je respire où tu palpites

Je respire où tu palpites,
Tu sais ; à quoi bon, hélas !
Rester là si tu me quittes,
Et vivre si tu t'en vas ?

À quoi bon vivre, étant l'ombre
De cet ange qui s'enfuit !
À quoi bon, sous le ciel sombre,
N'être plus que de la nuit ?

Je suis la fleur des murailles,
Dont avril est le seul bien.
Il suffit que tu t'en ailles
Pour qu'il ne reste plus rien.

Tu m'entoures d'auréoles ;
Te voir est mon seul souci.
Il suffit que tu t'envoles
Pour que je m'envole aussi.

Si tu pars, mon front se penche ;
Mon âme au ciel, son berceau,
Fuira, car dans ta main blanche
Tu tiens ce sauvage oiseau.

Que veux-tu que je devienne,
Si je n'entends plus ton pas?
Est-ce ta vie ou la mienne
Qui s'en va? Je ne sais pas.

Quand mon courage succombe,
J'en reprends dans ton cœur pur;
Je suis comme la colombe
Qui vient boire au lac d'azur.

L'amour fait comprendre à l'âme
L'univers, sombre et béni;
Et cette petite flamme
Seule éclaire l'infini.

Sans toi, toute la nature
N'est plus qu'un cachot fermé,
Où je vais à l'aventure,
Pâle et n'étant plus aimé.

Sans toi, tout s'effeuille et tombe;
L'ombre emplit mon noir sourcil;
Une fête est une tombe,
La patrie est un exil.

Je t'implore et te réclame;
Ne fuis pas loin de mes maux,
Ô fauvette de mon âme
Qui chante dans mes rameaux!

De quoi puis-je avoir envie,
De quoi puis-je avoir effroi,
Que ferai-je de la vie,
Si tu n'es plus près de moi?

Tu portes dans la lumière,
Tu portes dans les buissons,
Sur une aile ma prière,
Et sur l'autre mes chansons.

Que dirai-je aux champs que voile
L'inconsolable douleur?
Que ferai-je de l'étoile?
Que ferai-je de la fleur?

Que dirai-je au bois morose
Qu'illuminait ta douceur?
Que répondrai-je à la rose
Disant: – Où donc est ma sœur? –

J'en mourrai; fuis, si tu l'oses.
À quoi bon, jours révolus!
Regarder toutes ces choses
Qu'elle ne regarde plus?

Que ferai-je de la lyre,
De la vertu, du destin?
Hélas! et, sans ton sourire,
Que ferai-je du matin?

Que ferai-je seul, farouche,
Sans toi, du jour et des cieux,
De mes baisers sans ta bouche,
Et de mes pleurs sans tes yeux!

Les Contemplations, 1831

La tombe dit à la rose

La tombe dit à la rose :
– Des pleurs dont l'aube t'arrose
Que fais-tu, fleur des amours ?
La rose dit à la tombe :
– Que fais-tu de ce qui tombe
Dans ton gouffre ouvert toujours ?

La rose dit : – Tombeau sombre,
De ces pleurs je fais dans l'ombre
Un parfum d'ambre et de miel.
La tombe dit : – Fleur plaintive,
De chaque âme qui m'arrive
Je fais un ange du ciel !

Les Voix intérieures, 1837

L'aurore s'allume...

L'aurore s'allume,
L'ombre épaisse fuit;
Le rêve et la brume
Vont où va la nuit;
Paupières et roses
S'ouvrent demi-closes;
Du réveil des choses
On entend le bruit.

Tout chante et murmure,
Tout parle à la fois,
Fumée et verdure,
Les nids et les toits;
Le vent parle aux chênes,
L'eau parle aux fontaines;
Toutes les haleines
Deviennent des voix!

Tout reprend son âme,
L'enfant son hochet,
Le foyer sa flamme,
Le luth son archet;

Folie ou démence,
Dans le monde immense,
Chacun recommence
Ce qu'il ébauchait.

Qu'on pense ou qu'on aime,
Sans cesse agité,
Vers un but suprême,
Tout vole emporté;
L'esquif cherche un môle,
L'abeille un vieux saule,
La boussole un pôle,
Moi la vérité!

Les Chants du crépuscule, 1835

GÉRARD DE NERVAL

(1808-1855)

Résignation

Quand les feux du soleil inondent la nature,
Quand tout brille à mes yeux et de vie et d'amour,
Si je vois une fleur qui s'ouvre, fraîche et pure,
Aux rayons d'un beau jour ;

Si des troupeaux joyeux bondissent dans la plaine,
Si l'oiseau chante au bois où je vais m'égarer,
Je suis triste et de deuil me sens l'âme si pleine
Que je voudrais pleurer.

Mais quand je vois sécher l'herbe de la prairie,
Quand la feuille des bois tombe jaune à mes pieds,
Quand je vois un ciel pâle, une rose flétrie
En rêvant je m'assieds.

Et je me sens moins triste et ma main les ramasse,
Ces feuilles, ces débris de verdure et de fleurs.
J'aime à les regarder, ma bouche les embrasse
Je leur dis : Ô mes sœurs !

N'est-elle pas ma sœur cette feuille qui tombe,
Par un souffle cruel brisée avant le temps ?
Ne vais-je pas aussi descendre dans la tombe,
Aux jours de mon printemps ?

Peut-être, ainsi que moi, cette fleur expirante,
Aux ardeurs du soleil s'ouvrant avec transport,
Enferma dans son sein la flamme dévorante
Qui lui donna la mort.

Il le faut, ici-bas tout se flétrit, tout passe.
Pourquoi craindre un destin que chacun doit subir ?
La mort n'est qu'un sommeil. Puisque mon âme est lasse,
Laissons-la s'endormir.

Ma mère ! Oh ! par pitié, puisqu'il faut que je meure,
Amis, épargnez-lui des chagrins superflus,
Bientôt elle viendra vers ma triste demeure,
Mais je n'y serai plus.

Et toi, rêve adoré de mon cœur solitaire,
Belle et rieuse enfant que j'aimais sans espoir,
Ton souvenir en vain me rattache à la terre ;
Je ne dois plus te voir.

Mais si pendant longtemps, comme une image vaine,
Mon ombre t'apparaît oh ! reste sans effroi :
Car mon ombre longtemps doit te suivre, incertaine
Entre le ciel et toi.

Poésies diverses, juin 1839

Le ballet des heures

(Le dieu Pan parle :)

Les heures sont des fleurs l'une après l'autre écloses
Dans l'éternel hymen de la nuit et du jour;
Il faut donc les cueillir comme on cueille les roses
Et ne les donner qu'à l'amour.

Ainsi que de l'éclair, rien ne reste de l'heure,
Qu'au néant destructeur le temps vient de donner;
Dans son rapide vol embrassez la meilleure,
Toujours celle qui va sonner.

Et retenez-la bien au gré de votre envie,
Comme le seul instant que votre âme rêva;
Comme si le bonheur de la plus longue vie
Était dans l'heure qui s'en va.

Vous trouverez toujours, depuis l'heure première
Jusqu'à l'heure de nuit qui parle douze fois,
Les vignes, sur les monts, inondés de lumière,
Les myrtes à l'ombre des bois.

Aimez, buvez, le reste est plein de choses vaines;
Le vin, ce sang nouveau, sur la lèvre versé,
Rajeunit l'autre sang qui vieillit dans vos veines
Et donne l'oubli du passé.

Que l'heure de l'amour d'une autre soit suivie,
Savourez le regard qui vient de la beauté;
Être seul, c'est la mort! Être deux, c'est la vie!
L'amour c'est l'immortalité!

Poésies diverses, 1839

Chanson gothique

Belle épousée,
J'aime tes pleurs !
C'est la rosée
Qui sied aux fleurs.

Les belles choses
N'ont qu'un printemps,
Semons de roses
Les pas du Temps !

Soit brune ou blonde
Faut-il choisir ?
Le Dieu du monde,
C'est le Plaisir.

Odelettes, 1853

Artémis

La Treizième revient C'est encor la première;
Et c'est toujours la Seule, – ou c'est le seul moment :
Car es-tu Reine, ô Toi! la première ou dernière?
Es-tu Roi, toi le seul ou le dernier amant?

Aimez qui vous aima du berceau dans la bière;
Celle que j'aimai seul m'aime encor tendrement :
C'est la Mort – ou la Morte Ô délice! ô tourment!
La rose qu'elle tient, c'est la Rose trémière.

Sainte napolitaine aux mains pleines de feux,
Rose au cœur violet, fleur de sainte Gudule,
As-tu trouvé ta Croix dans le désert des cieux?

Roses blanches, tombez! vous insultez nos dieux,
Tombez, fantômes blancs, de votre ciel qui brûle :
– La sainte de l'abîme est plus sainte à mes yeux!

Les Chimères, 1854

El Desdichado

Je suis le ténébreux, – le veuf, – l'inconsolé,
Le prince d'Aquitaine à la tour abolie :
Ma seule étoile est morte, – et mon luth constellé
Porte le soleil noir de la Mélancolie.

Dans la nuit du tombeau, toi qui m'as consolé,
Rends-moi le Pausilippe et la mer d'Italie,
La fleur qui plaisait tant à mon cœur désolé,
Et la treille où le pampre à la rose s'allie.

Suis-je Amour ou Phébus ?... Lusignan ou Biron ?
Mon front est rouge encor du baiser de la reine ;
J'ai rêvé dans la grotte où nage la sirène...

Et j'ai deux fois vainqueur traversé l'Achéron :
Modulant tour à tour sur la lyre d'Orphée
Les soupirs de la sainte et les cris de la fée.

Les Chimères, 1854

EDGAR ALLAN POE

(1809-1849)

À Hélène

Je te vis une fois — une seule fois — il y a des années : combien, je ne le dois pas dire, mais peu. C'était un minuit de Juillet ; et hors du plein orbe d'une lune qui, comme ton âme même s'élevant, se frayait un chemin précipité au haut du ciel, tombait de soie et argenté un voile de lumière, avec quiétude et chaud accablement et sommeil, sur les figures levées de mille roses qui croissaient dans un jardin enchanté, où nul vent n'osait bouger, si ce n'est sur la pointe des pieds ; — il tombait sur les figures levées de ces roses qui rendaient, en retour de la lumière d'amour, leurs odorantes âmes en une mort extatique ; — il tombait sur les figures levées de ces roses qui souriaient et mouraient en ce parterre, enchanté — par toi et par la poésie de ta présence. Tout de blanc habillée, sur un banc de violette, je te vis à demi gisante, tandis que la lune, tombait sur les figures levées de ces roses, et sur la tienne même, levée, hélas ! dans le chagrin.

N'était-ce pas la destinée qui, par ce minuit de Juillet, — n'était-ce pas la destinée, dont le nom est aussi chagrin — qui me commanda cette pause devant la grille du jardin pour respirer l'encens de ces sommeillantes roses? Aucun pas ne s'agitait : le monde détesté tout entier dormait, excepté seulement toi et moi (oh ! cieux ! – oh ! Dieu ! comme mon cœur bat d'accoupler ces deux noms !), excepté seulement toi et moi. – Je m'arrêtai, – je regardai, – et en un instant toutes choses disparurent. (Ah ! aie en l'esprit ceci que le jardin était enchanté !) Le lustre perlé de la lune s'en alla : les bancs de mousse et le méandre des sentiers, les fleurs heureuses et les gémissants arbres ne se firent plus voir : des roses mêmes l'odeur mourut dans les bras des airs adorateurs. Tout, – tout expira, sauf toi, sauf moins que toi, sauf seulement la divine lumière en tes yeux, sauf rien que l'âme en tes yeux levés. Je ne vis qu'eux ; – ils étaient le monde pour moi. Je ne vis qu'eux, – les vis seulement pendant des heures, – les vis seulement jusqu'alors que la lune s'en alla. Quelles terribles histoires du cœur semblèrent inscrites sur ces cristallines, célestes sphères ! Quelle mer silencieusement sereine d'orgueil ! Quelle ambition osée ! pourtant quelle profonde, quelle insondable puissance pour l'amour !

Mais voici qu'à la fin la chère Diane plongea hors de la vue dans la couche occidentale d'un nuage de foudre : et toi, fantôme, parmi le sépulcre des arbres, te glissas au loin. Tes yeux seulement demeurèrent. Ils ne voulurent pas partir ; – ils ne sont jamais partis encore !

Éclairant ma route solitaire à la maison cette nuit-là, ils ne m'ont pas quitté (comme firent mes espoirs) depuis. Ils me suivent, ils me conduisent à travers les années.

Ils sont mes ministres; pourtant je suis leur esclave. Leur office est d'illuminer et d'embraser; mon devoir, d'être sauvé par leur brillante lumière, et purifié dans leur feu électrique, et sanctifié dans leur feu élyséen. Ils emplissent mon âme de beauté (qui est espoir), et sont loin, au haut des cieux, – les étoiles devant qui je m'agenouille dans les tristes, taciturnes veilles de ma nuit; tandis que, dans le rayonnement méridien du jour, je les vois encore, – deux suaves, scintillantes Vénus, inextinguibles au soleil.

Trad. de l'anglais (États-Unis) par S. Mallarmé
Les Poèmes d'Edgar Poe, E. Deman, 1888

THÉOPHILE GAUTIER

(1811-1872)

Le spectre de la rose

Soulève ta paupière close
Qu'effleure un songe virginal;
Je suis le spectre d'une rose
Que tu portais hier au bal.
Tu me pris encore emperlée
Des pleurs d'argent de l'arrosoir,
Et parmi la fête étoilée
Tu me promenas tout le soir.

Ô toi qui de ma mort fus cause,
Sans que tu puisses le chasser
Toute la nuit mon spectre rose
À ton chevet viendra danser.
Mais ne crains rien, je ne réclame
Ni messe ni *De Profundis*;
Ce léger parfum est mon âme
Et j'arrive du paradis.

Mon destin fut digne d'envie :
Pour avoir un trépas si beau,
Plus d'un aurait donné sa vie,
Car j'ai ta gorge pour tombeau,
Et sur l'albâtre où je repose
Un poète avec un baiser
Écrivit : Ci-gît une rose
Que tous les rois vont jalouser.

La Comédie de la mort, 1838

EMILY BRONTË

(1818-1848)

Un petit bouton de rose

C'était un petit bouton de rose
Rond comme l'orbe des fées,
Et timidement ses feuilles écloses
Dans leur robe de mousse se cachaient,
Mais doux était le parfum discret et corsé
Qu'exhalait son cœur invisible.

La rose est abîmée, fanée, flétrie,
Sa racine par un ver attaquée,
Et comme un cœur aimé et frappé de mépris,
S'étiole, s'estompe sa forme desséchée.
Bourgeon gracieux, fleur de beauté,
De ton bouquet natal je t'ai tirée.

J'étais le ver qui t'a fanée,
J'ai fait couler tes larmes de rosée;
Feuilles, tige et rose ne sont plus,
En terre exilée, déchues.
Oui, ce dernier soupir embaumé
Aux brises étrangères tristement mêlé!

Trad. de l'anglais par D. Boratav

CHARLES BAUDELAIRE

(1821-1867)

Spleen LXXVI

J'ai plus de souvenirs que si j'avais mille ans.

Un gros meuble à tiroirs encombré de bilans,
De vers, de billets doux, de procès, de romances,
Avec de lourds cheveux roulés dans des quittances,
Cache moins de secrets que mon triste cerveau.
C'est une pyramide, un immense caveau,
Qui contient plus de morts que la fosse commune.
– Je suis un cimetière abhorré de la lune,
Où comme des remords se traînent de longs vers
Qui s'acharnent toujours sur mes morts les plus chers.
Je suis un vieux boudoir plein de roses fanées,
Où gît tout un fouillis de modes surannées,
Où les pastels plaintifs et les pâles Boucher,
Seuls, respirent l'odeur d'un flacon débouché.

Rien n'égale en longueur les boiteuses journées,
Quand sous les lourds flocons des neigeuses années
L'ennui, fruit de la morne incuriosité,
Prend les proportions de l'immortalité.
– Désormais tu n'es plus, ô matière vivante !
Qu'un granit entouré d'une vague épouvante,
Assoupi dans le fond d'un Saharah brumeux ;

Un vieux sphinx ignoré du monde insoucieux,
Oublié sur la carte, et dont l'humeur farouche
Ne chante qu'aux rayons du soleil qui se couche.

Les Fleurs du mal, 1857

L'idéal

Ce ne seront jamais ces beautés de vignettes,
Produits avariés, nés d'un siècle vaurien,
Ces pieds à brodequins, ces doigts à castagnettes,
Qui sauront satisfaire un cœur comme le mien.

Je laisse à Gavarni, poète des chloroses,
Son troupeau gazouillant de beautés d'hôpital,
Car je ne puis trouver parmi ces pâles roses
Une fleur qui ressemble à mon rouge idéal.

Ce qu'il faut à ce cœur profond comme un abîme,
C'est vous, Lady Macbeth, âme puissante au crime,
Rêve d'Eschyle éclos au climat des autans,

Ou bien toi, grande Nuit, fille de Michel-Ange,
Qui tors paisiblement dans une pose étrange
Tes appas façonnés aux bouches des Titans.

Les Fleurs du mal, 1857

THÉODORE DE BANVILLE

(1823-1891)

La femme aux roses

Nue, et ses beaux cheveux laissant en vagues blondes
Courir à ses talons des nappes vagabondes,
Elle dormait, sereine. Aux plis du matelas
Un sommeil embaumé fermait ses grands yeux las,
Et ses bras vigoureux, pliés comme des ailes,
Reposaient mollement sur des flots de dentelles.

Or, la capricieuse avait, d'un doigt coquet,
Sur elle et sur le lit parsemé son bouquet,
Et, – fond éblouissant pour ces splendeurs écloses ! –
Son corps souple et superbe était jonché de roses.

Et ses lèvres de flamme, et les fleurs de son sein,
Sur ces coteaux neigeux qu'elle montre à dessein,
Semblaient, aux yeux séduits par de douces chimères,
Les boutons rougissants de ces fleurs éphémères.

Les Stalactites, 1846

EMILY DICKINSON
(1830-1886)

Un sépale – pétale – et une épine
Par un matin d'été ordinaire –
Un flacon de Rosée – Une Abeille ou deux –
Une Brise – gambadant dans les arbres –
Et je suis une Rose!

Trad. de l'anglais (États-Unis) par C. Malroux
Une âme en incandescence, Corti, 1998

✦

Ils tombaient comme des flocons –
Ils tombaient comme des étoiles –
Comme les Pétales d'une Rose –
Quand soudain au milieu de Juin
Un Vent avec ses doigts – passe –

Ils périrent dans l'Herbe lisse –
Nul œil n'en trouverait le lieu –
Mais Dieu peut convoquer chaque visage
Sur son irrévocable – Liste.

Cahiers, 1861-1863

Trad. de l'anglais (États-Unis) par C. Malroux
Une âme en incandescence, Corti, 1998

Quand les Roses cessent de fleurir, Monsieur,
Quand les Violettes sont fanées –
Quand les Bourdons en leur vol solennel
Ont dépassé le Soleil –
La main qui s'est arrêtée pour cueillir
En ce jour d'été
Restera immobile – à Auburn –
Prenez donc mes fleurs – je vous prie !

Cahiers, 1861-1863

Trad. de l'anglais (États-Unis) par D. Boratav

Les Huiles essentielles – s'extraient –
Le Suc de la Rose
Les soleils ne l'expriment pas – seuls –
C'est le don des Vis –

La Rose végétale – se fane –
Mais dans le tiroir – l'arôme –
Recréé l'Été – Quand dort la Dame
Dans l'Impérissable Baume.

Cahiers, 1861-1863

Trad. de l'anglais (États-Unis) par C. Malroux
Une âme en incandescence, Corti, 1998

N'approche pas trop près de la Maison d'une Rose —
Les ravages d'une Brise
Ou les crues d'une Rosée
En alarment les Murs —
Ni n'essaie de lier le Papillon
Ni ne franchis les Grilles de l'Extase —
Habiter le précaire
De la Joie est le gage —

Trad. de l'anglais (États-Unis) par C. Malroux
Car l'adieu, c'est la nuit, Gallimard, 2007

À votre Venue fugace il est beau de penser.
Comme au Coupé de l'Abeille en Musique disparu.
Si avec l'Abeille vous reveniez, quel Commerce de Midi !
La Mort obtient la Rose, mais la Nouvelle du Mourir ne va pas plus loin que la Brise. L'Oreille est le dernier Visage.
On entend après que l'on voit.

Lettre à Thomas W. Higginson, janvier 1874

Traduit de l'anglais (États-Unis) par C. Malroux
Lettres au maître, à l'ami, au précepteur, à l'amant, Corti, 1999

CHRISTINA ROSSETTI

(1830-1894)

La rose

Douce est la tige du lys,
Qui jamais ne blessera ta main;
Mais sur sa ronce la rose
Règne sur ces contrées.

Le pommier est suave
Et le grain profitable;
Mais la plus belle des dames,
Est la rose droite sur ses épines.

Quand, dans la mousse et le miel,
Elle penche sur sa ronce,
Et laisse deviner son cœur rayonnant,
Elle embrase le monde.

Trad. de l'anglais par D. Boratav

Chanson

Quand je serai morte, mon très cher,
    Ne chante pas de chants tristes;
Ne plante pas de rosiers à mon chevet,
    Ni de cyprès ombreux;
Sois au-dessus de moi l'herbe verte,
    Mouillée d'averse et de rosée;
Si tu veux, souviens-toi
    Et si tu veux, oublie.

Je ne verrai pas les ombres,
    Je ne sentirai pas la pluie;
Je n'entendrai pas le rossignol
    Chanter encor, comme en peine :
Mais rêvant dans le crépuscule
    Qui ne naît ni ne meurt,
Je me souviendrai peut-être
    Et peut-être j'oublierai.

Trad. de l'anglais par C. Malroux
Anthologie bilingue de la poésie anglaise,
Gallimard, 2005

GUSTAVO ADOLFO BÉCQUER
(1836-1870)

Comment vit cette rose que tu as agrafée
Près de ton cœur ?
Nulle part au monde jusqu'à présent je n'ai vu,
Sur le volcan, la fleur.

Trad. de l'espagnol par R. Pageard
Anthologie bilingue de la poésie espagnole,
Gallimard, 1995

AUGUSTE DE VILLIERS DE L'ISLE-ADAM

(1838-1889)

Je m'envolerai

Je m'envolerai dans les profondeurs !
Je fuirai la vie et ses lois moroses !
Et je cueillerai d'immortelles roses
Loin de vos hideurs.

Je m'élancerai vers vous, ô silences !
L'oubli loin d'ici m'attend, vaste mer,
– Pour mon cœur percé de vieux coups de lances
Plus rien n'est amer.

Je m'envolerai, moi l'oiseau sauvage,
Vers tant de pays ignorés de tous,
Car l'indifférence est le seul hommage
Dont je suis jaloux.

Nouveaux contes cruels et propos d'au-delà, 1888

CHARLES CROS

(1842-1888)

Nocturne

Que mon dernier souffle, emporté
Dans les parfums du vent d'été,
Soit un soupir de volupté !
Qu'il vole, papillon charmé
Par l'attrait des roses de mai,
Sur les lèvres du bien-aimé !

Le Coffret de santal, 1873

STÉPHANE MALLARMÉ

(1842-1898)

Si tu veux nous nous aimerons

Si tu veux nous nous aimerons
Avec tes lèvres sans le dire
Cette rose ne l'interromps
Qu'à verser un silence pire

Jamais de chants ne lancent prompts
Le scintillement du sourire
Si tu veux nous nous aimerons
Avec tes lèvres sans le dire

Muet muet entre les ronds
Sylphe dans la pourpre d'empire
Un baiser flambant se déchire
Jusqu'aux pointes des ailerons
Si tu veux nous nous aimerons.

Poésies, 1899

Las de l'amer repos

Las de l'amer repos où ma paresse offense
Une gloire pour qui jadis j'ai fui l'enfance
Adorable des bois de roses sous l'azur
Naturel, et plus las sept fois du pacte dur
De creuser par veillée une fosse nouvelle
Dans le terrain avare et froid de ma cervelle,
Fossoyeur sans pitié pour la stérilité,
– Que dire à cette Aurore, ô Rêves, visité
Par les roses, quand, peur de ses roses livides,
Le vaste cimetière unira les trous vides ? –
Je veux délaisser l'Art vorace d'un pays
Cruel, et, souriant aux reproches vieillis
Que me font mes amis, le passé, le génie,
Et ma lampe qui sait pourtant mon agonie,
Imiter le Chinois au cœur limpide et fin
De qui l'extase pure est de peindre la fin
Sur ses tasses de neige à la lune ravie
D'une bizarre fleur qui parfume sa vie
Transparente, la fleur qu'il a sentie, enfant,
Au filigrane bleu de l'âme se greffant.
Et, la mort telle avec le seul rêve du sage,
Serein, je vais choisir un jeune paysage
Que je peindrais encor sur les tasses, distrait.

Une ligne d'azur mince et pâle serait
Un lac, parmi le ciel de porcelaine nue,
Un clair croissant perdu par une blanche nue
Trempe sa corne calme en la glace des eaux,
Non loin de trois grands cils d'émeraude, roseaux.

Poésies, 1899

Dame sans trop d'ardeur

Dame sans trop d'ardeur à la fois enflammant
La rose qui cruelle ou déchirée, et lasse
Même du blanc habit de pourpre, le délace
Pour ouïr dans sa chair pleurer le diamant

Oui, sans ces crises de rosée et gentiment
Ni brise quoique, avec, le ciel orageux passe
Jalouse d'apporter je ne sais quel espace
Au simple jour le jour très vrai du sentiment

Ne te semble-t-il pas, disons, que chaque année
Dont sur ton front renaît la grâce spontanée
Suffise selon quelque apparence et pour moi

Comme un éventail frais dans la chambre s'étonne
À raviver du peu qu'il faut ici d'émoi
Toute notre native amitié monotone.

Poésies, 1899

PAUL VERLAINE
(1844-1896)

À madame X...

(En lui envoyant une pensée.)

Au temps où vous m'aimiez (bien sûr ?),
Vous m'envoyâtes, fraîche éclose,
Une chère petite rose,
Frais emblème, message pur.

Elle disait en son langage
Les « serments du premier amour »,
Votre cœur à moi pour toujours
Et toutes les choses d'usage.

Trois ans sont passés. Nous voilà !
Mais moi j'ai gardé la mémoire
De votre rose, et c'est ma gloire
De penser encore à cela.

Hélas ! si j'ai la souvenance,
Je n'ai plus la fleur, ni le cœur !
Elle est aux quatre vents, la fleur.
Le cœur ? mais, voici que j'y pense,

Fut-il mien jamais ? entre nous ?
Moi, le mien bat toujours de même,
Il est toujours simple. Un emblème
À mon tour. Dites, voulez-vous

Que, tout pesé, je vous envoie,
Triste sélam, mais c'est ainsi,
Cette pauvre négresse-ci ?
Elle n'est pas couleur de joie,

Mais elle est couleur de mon cœur ;
Je l'ai cueillie à quelque fente
Du pavé captif que j'arpente
En ce lieu de juste douleur.

A-t-elle besoin d'autres preuves ?
Acceptez-la pour le plaisir.
J'ai tant fait que de la cueillir,
Et c'est presque une fleur-des-veuves.

Amour, 1888

JOHN BOYLE O'REILLY
(1844-1890)

Une rose blanche

La rose rouge murmure la passion,
Et la rose blanche respire l'amour ;
Oh, la rose rouge est un faucon,
Et la rose blanche est une colombe.

Mais je t'envoie un bouton de fleur couleur crème,
Aux bouts de pétales empourprés ;
Car l'amour est pur et sucré
Comme un baiser de désir sur les lèvres.

Trad de l'anglais (Irlande), DR

FRIEDRICH NIETZSCHE
(1844-1900)

Mes roses

Oui ! mon bonheur – veut rendre heureux !
Tout bonheur veut rendre heureux !
Voulez-vous cueillir mes roses ?

Il faut vous baisser, vous cacher,
Parmi les ronces, les rochers,
Souvent vous lécher les doigts !

Car mon bonheur est moqueur !
Car mon bonheur est perfide ! –
Voulez-vous cueillir mes roses ?

Die fröhliche Wissenschaft, La Gaya Scienza, 1882

Trad. de l'allemand par H. Albert
Le Gai Savoir, Mercure de France, 1901

Il est vrai que je suis une forêt pleine de ténèbres et de grands arbres sombres; mais qui ne craint pas mes ténèbres trouvera sous mes cyprès des sentiers fleuris de roses.

Trad. de l'allemand par H. Albert
« Le Chant de la danse » dans *Ainsi parlait Zarathoustra,*
Mercure de France, 1903

Dans l'air clarifié,
quand déjà le croissant de la lune
glisse ses rayons verts,
envieusement, parmi la pourpre du couchant :
— ennemi du jour,
glissant à chaque pas, furtivement,
devant les bosquets de roses,
jusqu'à ce qu'ils s'effondrent
pâles dans la nuit : —

ainsi je suis tombé moi-même jadis
de ma folie de vérité,
de mes désirs du jour,
fatigué du jour, malade de lumière,
— je suis tombé plus bas, vers le couchant et l'ombre :
par une vérité
brûlé et assoiffé :
— t'en souviens-tu, t'en souviens-tu, cœur chaud,
comme alors tu avais soif ? —

Que je sois banni
de toutes les vérités !
Fou seulement, poète seulement !

Trad. de l'allemand par H. Albert
« Le chant de la mélancolie » dans *Ainsi parlait Zarathoustra*,
Mercure de France, 1903

[...]

6. Du ciel vole un parfum solaire chaleureux
Et la rose sur les tombeaux croît et fleurit,
Et sur des fils, au loin, par l'atmosphère bleue,
Le zéphyr bien-aimé et alerte s'enfuit,
Et la pensée d'une aile vive, avec vigueur,
Gagne après lui l'éther, loin du monde trompeur.

7. Avril et mai et juin – ô loin dorénavant;
Orage et pluie, et neige et ensoleillement,
S'en sont allés. Les éternels astres du cœur
Ont un regard tranquille et apaisé souvent;
Mais ils veulent souvent se hâter par erreur
En bas sur terre au cœur des lignes rouge-sang

8. Ô astres, astres, votre clair scintillement,
Dans les ondes du puits je contemplais ses jeux,
Tantôt danse du ciel, même éternellement,
Tantôt d'un rouge sombre et plein d'horribles feux,
Vous cherchez ce que ce gamin avait cherché,
Et chercherez toujours, inlassable échappée.

Trad. de l'allemand par G. Métayer
Poèmes complets, Les Belles Lettres,
coll. « Bibliothèque allemande », 2019

PIERRE LOTI

(1850-1923)

Qui veut venir avec moi voir à Ispahan la saison des roses, prenne son parti de cheminer lentement à mes côtés, par étapes, ainsi qu'au Moyen Âge.
Qui veut venir avec moi voir à Ispahan la saison des roses, consente au danger des chevauchées par les sentiers mauvais où les bêtes tombent, et à la promiscuité des caravansérails où l'on dort entassés dans une niche de terre battue, parmi les mouches et la vermine.
Qui veut venir avec moi voir apparaître, dans sa triste oasis, au milieu de ses champs de pavots blancs et de ses jardins de roses roses, la vieille ville de ruines et de mystère, avec tous ses dômes bleus, tous ses minarets bleus d'un inaltérable émail; qui veut venir avec moi voir Ispahan sous le beau ciel de mai, se prépare à de longues marches, au brûlant soleil, dans le vent âpre et froid des altitudes élevées et les plus vastes du monde, qui furent le berceau des humanités, mais sont devenues aujourd'hui des déserts.

Vers Ispahan, 1904

JOSÉ MARTI

(1853-1895)

La rose blanche

En janvier comme en juillet
Je cueille la rose blanche
Pour l'ami, pour l'ami vrai
Qui me tend une main franche.

Et pour la main travestie
Qui met l'aspic sous la manche
Au lieu de ronce et d'ortie
Je cueille la rose blanche.

Vers simples, 1891

Trad. de l'espagnol (Cuba) par A. Godoy
Poèmes choisis, Émile-Paul Frères, 1929

ARTHUR RIMBAUD
(1854-1891)

Fleurs

D'un gradin d'or, – parmi les cordons de soie, les gazes grises, les velours verts et les disques de cristal qui noircissent comme du bronze au soleil, – je vois la digitale s'ouvrir sur un tapis de filigranes d'argent, d'yeux et de chevelures.

Des pièces d'or jaune semées sur l'agate, des piliers d'acajou supportant un dôme d'émeraudes, des bouquets de satin blanc et de fines verges de rubis entourent la rose d'eau.

Tels qu'un dieu aux énormes yeux bleus et aux formes de neige, la mer et le ciel attirent aux terrasses de marbre la foule des jeunes et fortes roses.

Les Illuminations, 1886

OSCAR WILDE

(1854-1900)

« Elle a dit qu'elle danserait avec moi si je lui amenais des roses rouges », se lamentait le jeune Étudiant; « mais dans tout mon jardin, il n'y a pas une seule rose rouge. » Depuis son nid dans le Chêne Vert, le Rossignol l'entendit. Alors il regarda à travers le feuillage et fut tout étonné. « Pas une seule rose dans mon jardin! » s'écriait-il, et ses beaux yeux se remplissaient de larmes. « Ah, de quelles choses infimes dépend le bonheur! J'ai lu tout ce que les hommes sages ont écrit, je sais tous les secrets de la philosophie, et pourtant, à cause d'une seule rose rouge, ma vie est malheureuse. » « Voici enfin un amoureux véritable », songea le Rossignol. « Nuit après nuit, sans même le connaître, mon chant tournait autour de lui : nuit après nuit j'ai raconté son histoire aux étoiles... Et maintenant je le vois. Sa chevelure est sombre comme la fleur de la jacinthe, et ses lèvres sont rouges comme la rose qu'il désire; mais l'amour a donné à son visage la pâleur de l'ivoire, et son front est flanqué de l'empreinte du chagrin. [...] »

« Sois heureux, cria le Rossignol, sois heureux; tu auras ta rose rouge. Je la créerai de la musique au clair de lune, et la teindrai du sang de mon propre cœur. Tout ce que je te demande en retour, c'est d'être un véritable

amoureux, car l'amour est plus sage que la philosophie, quoique celle-ci soit sage, et plus fort que la puissance, quoique celle-ci soit forte. Couleur de flamme sont ses ailes, et coloré comme la flamme est son corps. Ses lèvres sont sucrées comme le miel, et son souffle est comme de l'encens. »

Le Rossignol et la Rose, 1888

Trad. de l'anglais par A. Savine
Le Rossignol et la Rose, Stock, 1905

ÉMILE VERHAEREN

(1855-1916)

Roses de juin, vous les plus belles

Roses de juin, vous les plus belles,
Avec vos cœurs de soleil transpercés ;
Roses violentes et tranquilles, et telles
Qu'un vol léger d'oiseaux sur les branches posés ;
Roses de Juin et de Juillet, droites et neuves,
Bouches, baisers qui tout à coup s'émeuvent
Ou s'apaisent, au va-et-vient du vent,
Caresse d'ombre et d'or, sur le jardin mouvant ;
Roses d'ardeur muette et de volonté douce,
Roses de volupté en vos gaines de mousse,
Vous qui passez les jours du plein été
À vous aimer, dans la clarté ;
Roses vives, fraîches, magnifiques, toutes nos roses
Oh ! que pareils à vous nos multiples désirs,
Dans la chère fatigue ou le tremblant plaisir
S'entr'aiment, s'exaltent et se reposent !

Les Heures d'après-midi, 1905

ARTHUR SCHNITZLER

(1862-1931)

Y a-t-il une oreille fine pour entendre le soupir des roses qui se fanent ?

Aphorismes, 1987

Trad. de l'allemand par P. Deshusses
Relations et solitudes, Payot & Rivages,
coll. « Petite Bibliothèque Rivages », 2017

CONSTANTIN CAVAFIS

(1863-1933)

Les désirs

Ils sont comme de beaux corps que l'âge n'aurait pas
  atteints
et qu'on dépose avec des larmes dans un magnifique
  sépulcre,
des roses à la tête et, aux pieds, du jasmin –
ils ressemblent à de tels corps les désirs qui se sont
  éteints
sans se rassasier, sans avoir eu ne fût-ce
qu'une seule nuit de plaisir ou qu'un radieux matin.

Trad. du grec par G. Ortlieb et P. Leyris
Poèmes anciens ou retrouvés, Seghers, 2023

WILLIAM BUTLER YEATS

(1865-1939)

La rose du monde

Qui rêva que la beauté passe comme un rêve ?
Pour ces lèvres de feu, dont tout l'orgueil
Est de porter le deuil de la merveille,
Troie a passé, flamme au loin, funéraire,
Et les enfants d'Usna ont succombé.

Nous aussi, et le monde qui peine, nous passons :
Mais là, parmi les âmes qui tournoient
Avant de s'effacer comme les eaux promptes
De l'hiver incolore, là, parmi
Les étoiles qui passent, cette autre écume,
Un visage survit, une solitude.

Inclinez-vous, Archanges, dans vos pénombres !
Avant vous, avant même que cœur ne batte,
Lasse et bonne une femme s'attardait
Près du trône de Dieu ; et Lui,
Il fit de l'univers un grand chemin d'herbe
Pour ses pas vagabonds.

Trad. de l'anglais (Irlande) par Y. Bonnefoy
Quarante-cinq poèmes, Gallimard, 1993

Les blancs oiseaux

Ah! Si nous étions, mon amour, de blancs oiseaux sur l'écume de la mer!
Nous sommes las de la flamme du météore, qui va pâlir et disparaître;
Et la flamme de l'étoile bleue du crépuscule si basse à la frange du ciel
A fait naître en nos cœurs, mon amour, une tristesse qui peut durer toujours.

Une langueur nous vient de ces rêveurs, perlés de rosée, le lys et la rose;
Ah! Chasse-les de tes rêves, mon amour; la flamme du météore qui passe
Ou la flamme de l'étoile qui s'attarde à l'horizon quand tombe la rosée;
Car je voudrais que nous soyons changés en oiseaux blancs sur l'écume vagabonde, toi et moi!

Mon esprit est hanté d'îles innombrables et de maints rivages Danéens
Où le temps sûrement nous oublierait, où le chagrin ne nous toucherait plus;

Nous serions vite loin de la rose et du lys et de la
turbulence des flammes,
Si nous n'étions que de blancs oiseaux, mon amour,
portés sur l'écume de la mer !

Trad. de l'anglais (Irlande) par J. Briat
La Rose et autres poèmes, Points, 2020

À l'Irlande future

[...]

Et ne me croyez pas non plus
Inférieur à Davis, Mangan ou Ferguson,
Mais songez que mes vers
parlent mieux que leurs vers
Des choses de la nuit
Où seul le corps est endormi.
Car sur ma table dansent
Les êtres élémentaires
Qui, jaillis de l'esprit sans mesure,
Délirent follement dans l'averse et le vent;
Celui pourtant qui marche avec mesure
Doit pouvoir avec eux échanger ses regards.
Avec eux à jamais l'homme poursuit
La robe ourlée de roses rouges.
Ô, fées qui dansez sous la lune,
Terre des Druides, Chants des Druides!

Tant que je peux encore, pour vous j'écris
Le rêve que j'ai fait et l'amour de ma vie.
Tous nos jours du premier au jour de notre mort

Ne durent qu'un clin d'œil,
Et nous passons avec nos chants et nos amours,
Éclairés de là-haut par le Temps mesureur
Et tous les êtres de la nuit
Qui sur ma table courent
Vers un monde où peut-être
Dans l'extase brûlante de la vérité
Il n'y a plus de place pour le rêve et l'amour
Car les pas de Dieu sont faits d'un silence blanc.
Je jette mon cœur dans mes vers
Pour que vous, au fond du futur,
Sachiez comment s'en est allé
Mon cœur pour poursuivre avec eux
La robe ourlée de roses rouges.

Trad. de l'anglais (Irlande) par J. Briat
La Rose et autres poèmes, Points, 2020

ERNEST CHRISTOPHER DOWSON

(1867-1900)

La brièveté de la vie nous interdit
de concevoir un long espoir.

Horace, *Ode* 4

Ils ne durent pas longtemps les rires et les larmes,
L'amour, la haine et le désir :
Je crois qu'en nous ils n'auront plus place, une fois
Le seuil franchi.

Ils ne durent pas longtemps les jours de vin et de
roses :
De la brume d'un rêve
Notre chemin émerge un instant, puis bientôt
S'achève en rêve.

1896

Trad. de l'anglais (Écosse) par C. Malroux
Anthologie bilingue de la poésie anglaise, Gallimard, 2005

PAUL-JEAN TOULET

(1867-1920)

Le sable où nos pas ont crié, l'or, ni la gloire,
Qu'importe, et de l'hiver le sombre décor.
Mais que l'amour demeure, et me sourit encor
Comme une rose rouge à travers l'ombre noire.

Les Contrerimes, 1921

PAUL CLAUDEL
(1868-1955)

Seule
la
rose

est assez fragile –
pour exprimer l'Éternité.

Cent phrases pour éventail, Gallimard, 1926

Tu m'appelles la Rose dit la Rose
mais si tu savais mon vrai nom
je m'effeuillerais aussitôt.

Cent phrases pour éventail, Gallimard, 1926

Une rose
D'un rouge si fort
Qu'elle tâche
l'
âme
Comme du vin

Cent phrases pour éventail, Gallimard, 1926

✦

Pas mes épines
qui me défendent
dit la Rose
c'est
mon parfum

Cent phrases pour éventail, Gallimard, 1926

PIERRE LOUŸS
(1870-1925)

Roses dans la nuit

Dès que la nuit monte au ciel, le monde est à nous, et aux dieux. Nous allons des champs à la source, des bois obscurs aux clairières, où nous mènent nos pieds nus.

Les petites étoiles brillent assez pour les petites ombres que nous sommes.Quelquefois, sous les branches basses, nous trouvons des biches endormies.

Mais plus charmant la nuit que toute autre chose, il est un lieu connu de nous seuls et qui nous attire à travers la forêt : un buisson de roses mystérieuses.

Car rien n'est divin sur la terre à l'égal du parfum des roses dans la nuit. Comment se fait-il qu'au temps où j'étais seule je ne m'en sentais pas enivrée ?

Les Chansons de Bilitis, 1894

MARCEL PROUST

(1871-1922)

Et ainsi l'espoir du plaisir que je trouverais avec une jeune fille nouvelle venant d'une autre jeune fille par qui je l'avais connue, la plus récente était alors comme une de ces variétés de roses qu'on obtient grâce à une rose d'une autre espèce. Et remontant de corolle en corolle dans cette chaîne de fleurs, le plaisir d'en connaître une différente me faisait retourner vers celle à qui je la devais [...] me rendant bien compte, avec une satisfaction de botaniste, qu'il n'était pas possible de trouver réunies des espèces plus rares que celles de ces jeunes fleurs qui interrompaient en ce moment devant moi la ligne du flot de leur haie légère, pareille à un bosquet de roses de Pennsylvanie, ornement d'un jardin sur la falaise, entre lesquelles tient tout le trajet de l'océan parcouru par quelque steamer, si lent à glisser sur le trait horizontal et bleu qui va d'une tige à l'autre, qu'un papillon paresseux, attardé au fond de la corolle que la coque du navire a depuis longtemps dépassée, peut pour s'envoler en étant sûr d'arriver avant le vaisseau, attendre que rien qu'une seule parcelle azurée sépare encore la proue de celui-ci du premier pétale de la fleur vers laquelle il navigue.

À l'ombre des jeunes filles en fleurs, 1918

PAUL VALÉRY

(1871-1945)

Sombre et profonde rose, antre d'ombre odorante,
Ô Rose de plaisir, dont le plaisir est pleur,
Rose humide d'espoir d'une caresse errante
Sur ses bords de calice où la chair se fait fleur,

D'une eau délicieuse, ô molle Rose, enivre,
Jusqu'à l'excès divin du bonheur animal,
Un cœur fuyant l'affreuse aventure de vivre
Qui boive ce poison de son étrange mal...

Laisse fondre sur toi la lèvre favorite
Dont l'œuvre toute tendre et sinueuse irrite
Plus, toujours plus en toi, toujours plus de douceur;

Tandis que la beauté qui te porte palpite
Et palpitante inspire une tendresse sœur
Que son soupir appelle et qui se précipite...

Corona et Coronilla, 1938-1945

Au bois dormant

La princesse, dans un palais de rose pure,
Sous les murmures, sous la mobile ombre dort;
Et de corail ébauche une parole obscure
Quand les oiseaux perdus mordent ses bagues d'or.

Elle n'écoute ni les gouttes, dans leurs chutes,
Tinter d'un siècle vide au lointain le trésor,
Ni sur la forêt vague, un vent fondu de flûtes
Déchirer la rumeur d'une phrase de cor.

Laisse, longue, l'écho rendormir la diane,
Ô toujours plus égale à la molle liane
Dont le bleu rythme bat tes yeux ensevelis!

Si proche de ta joue et si lente la rose
Ne va pas dissiper ce délice de plis,
Ni sur ton frais visage un rayon qui s'y pose.

Album de vers anciens, 1920

PAUL LAURENCE DUNBAR

(1872-1906)

Matin

La brume a déposé sur la plaine verdoyante,
Des gouttes de rosée, pluie féerique,
De nouveau la rose aguichante
S'éveille, parée de charmes uniques.

Le vent se cache dans les arbres,
Et taquin, il soupire, apaise et rit,
Jusqu'à ce que rose dise : « Embrasse-moi, je te prie »
C'est le matin, le matin.

Bâton en main, libre, sans souci,
Le voyageur marche d'un pas vif,
Car villes et maisons sont, pour lui,
Dignes de mépris.
En mon âme prompte à l'envol,
Je porte un chant, dans ses tréfonds;
Aimée, viens, et chantons ensemble
« C'est le matin, le matin. »

Trad. de l'anglais (États-Unis) par D. Boratav

Promesse

Je fis pousser une rose dans un jardin,
Je m'occupais d'elle, j'étais aux petits soins,
Et je pensai comment, de sa gloire éclose,
J'éclairerais de ma vie la part si morose ;
Et, l'observant, je souriais encore quand le bourgeon luxuriant
S'abreuvait sans réserve au soleil estival, qui teintait son sang.

Ma rose commença à s'ouvrir, et sa beauté
Était pour moi comme le soleil caressant la rosée ;
Je l'observais prendre son aspect rougeoyant
Jusqu'au jour où éclose, elle le fut parfaitement,
Alors je me hâtai, tout sourire, la trouver dans son fard
Mais un gosse insouciant avait cueilli ma rose – c'était trop tard !

Trad. de l'anglais (États-Unis) par D. Boratav

Roses

Oh, vent de printemps, oh, libre vent de mai,
Quand fleurs et chants d'oiseaux se multiplient;
Oh joie d'une saison, et joie du jour,
Qui me firent don des roses de la vie, la vie,
Qui me firent don des roses de la vie.

Oh, vent d'été, chante fort dans la nuit,
Quand tressaille mon cœur comme une colombe;
L'une vint de ton royaume, ton monde de délices,
Et me fit don des roses de l'amour, l'amour,
Et me fit don des roses de l'amour.

Oh, soupire faiblement, vent d'hiver chagrin,
J'entends ton souffle de miséricorde;
Je me dessèche, je tombe, feuille que l'automne
étreint,
Il me fit don des roses de la mort, la mort,
Il me fit don des roses de la mort.

Trad. de l'anglais (États-Unis) par D. Boratav

GERTRUDE STEIN
(1874-1946)

Rose est une rose est une rose est une rose.

« Sacred Emily », *Geography and Plays*, 1913

ROBERT FROST

(1874-1963)

La famille Rose

La rose est une rose
Et toujours fut une rose.
Mais à présent la théorie propose
Que la pomme soit une rose,
Et la poire aussi, ou autre chose
Comme la prune, je suppose.
Seul l'être cher dispose
De ce qui s'avérera rose.
Toi, bien sûr, tu es une rose –
Et toujours fus une rose.

Trad. de l'anglais (États-Unis) par D. Boratav

RAINER MARIA RILKE

(1875-1926)

L'intérieur de la rose

Où est, pour cet intérieur,
un palpable contour ? Sur quelle douleur
pose-t-on cette gaze ?
Quels ciels se reflètent
dans le lac intérieur
de ces roses écloses,
insouciantes, vois :
comment elles reposent
dans le délié des choses,
comme si la main qui tremble
ne pouvait les effeuiller.

Elles peuvent à peine
se tenir ; beaucoup se laissèrent
combler et débordent
d'espace intérieur
dans les jours qui toujours
plus pleins se closent
jusqu'à ce que l'été devienne chambre,
une chambre dans un rêve.

Trad. de l'allemand par J. Legrand, L. Gaspar,
P. Jaccottet, A. Guerne, M. Betz
Œuvres, Vol 2, *Poésie*, Seuil, 1972

Ce soir s'effeuilleront les roses,
trop pleines d'elles-mêmes, en douces agonies.
Ô mon enfant, ô mon amie vas-y :
La vie s'éclaire dans la mort des choses.

Ébauches et fragments en français

✦

Je te vois, rose, livre entrebâillé,
qui contient tant de pages
de bonheur détaillé
qu'on ne lira jamais. Livre-mage,

qui s'ouvre au vent et qui peut être lu
les yeux fermés…,
dont les papillons sortent confus
d'avoir eu les mêmes idées.

Les Roses (poèmes en français), II, 1924

Une rose seule, c'est toutes les roses
et celle-ci : l'irremplaçable,
le parfait, le souple vocable
encadré par le texte des choses.

Comment jamais dire sans elle
ce que furent nos espérances,
et les tendres intermittences
dans la partance continuelle.

Les Roses, VI, 1924

✦

T'appuyant, fraîche claire
rose, contre mon œil fermé –,
on dirait mille paupières
superposées

contre la mienne chaude.
Mille sommeils contre ma feinte
sous laquelle je rôde
dans l'odorant labyrinthe.

Les Roses, VII, 1924

Rose, toute ardente et pourtant claire,
que l'on devrait nommer reliquaire
de Sainte-Rose..., rose qui distribue
cette troublante odeur de sainte nue.

Rose plus jamais tentée, déconcertante
de son interne paix; ultime amante,
si loin d'Ève, de sa première alerte –,
rose qui infiniment possède la perte.

Les Roses, IX, 1924

Été : être pour quelques jours
le contemporain des roses
respirer ce qui flotte autour
de leurs âmes écloses.

Faire de chacune qui se meurt
une confidente,
et survivre à cette sœur
en d'autres roses absente.

Les Roses, XIV, 1924

✦

Rose, ô pure contradiction, joie
De n'être le sommeil de personne sous tant de
paupières.

Épitaphe sur la tombe de Rainer Maria Rilke

Trad. de l'allemand par Y. Bonnefoy

GUILLAUME APOLLINAIRE

(1880-1916)

Rosemonde

Longtemps au pied du perron de
La maison où entra la dame
Que j'avais suivie pendant deux
Bonnes heures à Amsterdam
Mes doigts jetèrent des baisers

Mais le canal était désert
Le quai aussi et nul ne vit
Comment mes baisers retrouvèrent
Celle à qui j'ai donné ma vie
Un jour pendant plus de deux heures

Je la surnommai Rosemonde
Voulant pouvoir me rappeler
Sa bouche fleurie en Hollande
Puis lentement je m'allai
Pour quêter la Rose du Monde.

Alcools, 1913

Lou ma rose

Lou tu es ma rose
Ton derrière merveilleux n'est-ce pas la plus belle rose
Tes seins tes seins chéris ne sont-ce pas des roses
Et les roses ne sont-ce pas de jolis ptits Lous
Que l'on fouette comme la brise
Fustige les fesses des roses dans le jardin
          Abandonné
Lou ma rose ou plutôt mes roses
Tu m'as envoyé des feuilles de rose
          Ô petite déesse
          Tu crées les roses
     Et tu fais les feuilles de roses
               Roses
Petites femmes à poil qui se baladent
               Gentiment
Elles se balancent en robe de satin
          Sur des escarpolettes
Elles chantent le plus beau parfum le plus fort le plus
     doux
Lou ma rose ô ma perfection je t'aime
Et c'est avec joie que je risque de me piquer
               En faveur de ta beauté
Je t'aime je t'adore je mordille tes feuilles de rose

Rose reine des fleurs Lou reine des femmes
Je te porte au bout des doigts ô Lou ô rose
Au bout des doigts en te faisant menotte
Jusqu'à ce que tu t'évanouisses
Comme s'évanouit le parfum
Des roses
Je t'embrasse ô Lou et je t'adore

Poèmes à Lou, 1915

Fête

À André Rouveyre

Feu d'artifice en acier
Qu'il est charmant cet éclairage
Artifice d'artificier
Mêler quelque grâce au courage

Deux fusants
Rose éclatement
Comme deux seins que l'on dégrafe
Tendent leurs bouts insolemment
IL SUT AIMER
quelle épitaphe

Un poète dans la forêt
Regarde avec indifférence
Son revolver au cran d'arrêt
Des roses mourir d'espérance

Il songe aux roses de Saadi
Et soudain sa tête se penche
Car une rose lui redit
La molle courbe d'une hanche

L'air est plein d'un terrible alcool
Filtré des étoiles mi-closes
Les obus caressent le mol
Parfum nocturne où tu reposes
Mortification des roses

Calligrammes, 1918

ALEXANDRE BLOK
(1880-1921)

À Anna Akhmatova

Quand on vous dit — « La beauté est terrible » —
Indolente, sur vos épaules
Vous jetez un châle espagnol.
Dans vos cheveux — une rose rouge.

Quand on vous dit — « La beauté est simple » —
Vous couvrez, un peu maladroite,
L'enfant d'un châle bigarré.
La rose rouge a chu par terre.

Mais, indifférente à ces mots
Qui résonnent autour de vous,
Vous resterez pensive et triste
Tout en répétant pour vous-même :

« Je ne suis ni terrible ni simple :
Pas assez terrible pour tuer
Tout simplement ; ni assez simple
Pour ignorer que la vie est terrible. »

16 décembre 1913

Trad. du russe par H. Abril et C. Falk
Sur le bûcher de neige, Circé, 2020

CATHERINE POZZI

(1882-1934)

Chanson sans geste

Sur la planète de douleurs
Les roses vont jusqu'au ciel même.
Devant le mur d'azur tu meurs
    Du mal qui vient d'ailleurs.

Soleil, soleil fleur de souci
Touche un cœur de ta pointe extrême
Le rayon jeté sans merci
    Du passé jusqu'ici.

Mon cœur est une rose aussi
Il est plein de rois et de reines
Ils ont vécu ils ont fini
    Ils souffrent où je suis.

Ils ont dormi ils ont péri
Ils s'éveilleront si je t'aime.
Un trait les touche sans merci
    L'amour n'est pas l'ami.

Ô prisonniers ! dormez ainsi
Ne quittez les ombres suprêmes
La caresse est blessure ainsi
    Le soleil passe aussi.

JAMES JOYCE

(1882-1941)

Ô cet effrayant torrent tout au fond Ô et la mer la mer écarlate quelquefois comme du feu et les glorieux couchers de soleil et les figuiers dans les jardins de l'Alameda et toutes les ruelles bizarres et les maisons roses et bleues et jaunes et les roseraies et les jasmins et les géraniums et les cactus de Gibraltar quand j'étais jeune fille et une Fleur de la montagne oui quand j'ai mis la rose dans mes cheveux comme les filles andalouses ou en mettrai-je une rouge oui et comme il m'a embrassée sous le mur mauresque je me suis dit après tout aussi bien lui qu'un autre et alors je lui ai demandé avec les yeux de demander encore oui et alors il m'a demandé si je voulais oui dire oui ma fleur de la montagne et d'abord je lui ai mis mes bras autour de lui oui et je l'ai attiré sur moi pour qu'il sente mes seins tout parfumés oui et son cœur battait comme fou et oui j'ai dit oui je veux bien oui.

Ulysse, 1920

Trad. de l'anglais (Irlande) par T. Samoyault
Ulysse, Gallimard, 2004

Une fleur donnée à ma fille

Frêle la rose blanche et frêles les mains de femme
Qui l'ont donnée
Consumée et plus pâle son âme
Que l'onde impalpable de la durée

Rose frêle et blonde et plus frêle que frêle
La fraîcheur étonnée
Que tu cèles dans la prunelle
Mon enfant bleu veinée

Poèmes d'Api, Trieste, 1913

Trad. de l'anglais (Irlande) par A. Morel
Bifur, n° 3, Carrefour, 1929

HILDA DOOLITTLE

(1886-1961)

Sea Rose

ROSE, rose dure,
taché et à pétales de pétales,
maigre fleur, mince,
clairsemé de feuilles,

plus précieux
qu'une rose humide
unique sur une tige —
vous êtes pris dans la dérive.

Rabougrie, à petites feuilles,
vous êtes jeté sur le sable,
tu es levé
dans le sable croquant
qui roule dans le vent.

La rose aux épices
égoutter ce parfum âcre
durci dans une feuille ?

Trad. de l'anglais (États-Unis) par J.-P. Auxémery
Le Jardin près de la mer, La Différence, 1992

GEORG TRAKL

(1887-1914)

Sauvages s'embrassent
Les roses rouges contre la haie
S'embrasant meurt
Dans une vague verte un amour
Une rose expirante

Trad. de l'allemand par M. Petit et J.-C. Schneider
Œuvres complètes, Gallimard, 1972

Abandon

[...]

Parfois, une petite lueur minuscule traverse la fenêtre aveugle, que l'obscurité absorbe à nouveau. Ici, le passé est mort.

Ici, un jour, elle a été gelée dans une seule rose déformée. Le temps passe négligemment à cause de son manque d'essence.

Et tout imprègne le silence de l'abandon.

Trad. de l'allemand par Guillevic
Vingt poèmes, Obsidiane, 2016

La rosée du printemps

La rosée du printemps qui tombe
Des branches sombres, vient la nuit
Avec ses éclats d'étoiles, alors que tu as oublié la lumière

Sous la voûte d'épines tu étais couché et le dard s'enfonça
Profond dans le corps de cristal
Pour que plus ardente l'âme épouse la nuit.

La fiancée d'étoiles s'est parée,
Le myrte pur
Qui s'incline sur le visage adorant du mort.

Plein de frissons qui fleurissent
T'enveloppe enfin le manteau bleu de la souveraine.

Trad. de l'allemand par M. Petit et J.-C. Schneider
Œuvres complètes, Gallimard, 1972

MARC CHAGALL

(1887-1985)

Vers de hautes portes

Seul est mien ce pays
Qui se trouve en mon âme ;
Comme un familier, sans papiers,
Je m'y rends.
Il voit ma tristesse et ma solitude,
Il me couche pour m'endormir,
Me recouvrant d'une pierre d'odeurs.

Un vert jardin fleurit en moi, des fleurs imaginées,
En moi mes propres rues s'étendent.
Les maisons manquent
Depuis le temps de mon enfance elles sont en ruines,
Leurs habitants s'égarent dans les airs,
Ils cherchent un logis, ils vivent dans mon âme.

Voici pourquoi quelquefois je souris
Quand le soleil scintille à peine,
Ou bien je pleure
Comme une pluie légère dans la nuit.

Je me souviens d'un temps
Où je portais deux têtes...
C'était un temps
Où les deux têtes
Se couvraient d'un voile d'amour,
Se dissipaient comme le parfum d'une rose.

Il me semble à présent
Que même en revenant sur mes pas
J'avance
En direction de hautes portes
Qui cachent un chaos de murs
Où les tonnerres abattus passent leurs nuits
Et les éclairs brisés.

Trad. du yiddish par C. Dobzynski
Anthologie de la poésie yiddish, Gallimard, 2000

PIERRE-JEAN JOUVE
(1887-1976)

La femme et la terre

Quand elle était, ce cœur était plus fort que la lumière
Son sang sous l'influence de la lune était plus ouvert
Que le sang répandu, et sa nuit plus obscure et velue
Que la nuit mais aussi scintillante et dure
Un sexe plus qu'une âme un astre plus qu'un sexe
Une église la chevelure la surmontait

Et vous qui dormez ! autre granit et vieilles roses
Qui passez et disparaissez dans un bain pur
Sans faiblesse comme sans distance
Hautes hautes terres étranger azur

Pesez sur elle qui n'est plus
Dans le temps ni sein ni spasmes ni larmes
Qui s'est retournée sur la terre
Vers l'autre plus cendreux soleil.

ÉTRANGE ! Ô JE SUIS ENCORE une vraie fois
Contre ton sein ton globe mystique au parfum
Plus suave que la rondeur du printemps
Et que la mort rosée chargée de veines,
Ton mamelon de femmes des vallées

Mon Hélène! et je vois gonfler dans tes cheveux
La rose magnétique et pourpre de ce monde
Dans la touffe effrayante et des tresses d'enfance
Le merveilleux sentier en gloire et en fumée
La fente de la vie la rose de la langue.

Hélène, 1937

Matière céleste, Gallimard, 1995

BLAISE CENDRARS
(1887-1961)

Effeuille la rose des vents
Voici que bruissent les orages déchaînés
Les trains roulent en tourbillon sur les réseaux enchevêtrés
Bilboquets diaboliques
Il y a des trains qui ne se rencontrent jamais
D'autres se perdent en route

Prose du Transsibérien et
de la petite Jehanne de France,
Denoël, 1947, 1963, 2001, 2005

Extrait tiré du Vol. 1 de *Tout autour d'aujourd'hui*,
nouvelle édition des œuvres complètes de Blaise Cendrars
dirigée par C. Leroy

SAINT-JOHN PERSE

(1887-1975)

Nocturne

Les voici mûrs, ces fruits d'un ombrageux destin. De notre songe issus, de notre sang nourris, et qui hantaient la pourpre de nos nuits, ils sont les fruits du long souci, ils sont les fruits du long désir, ils furent nos plus secrets complices et, souvent proches de l'aveu, nous tiraient à leurs fins hors de l'abîme de nos nuits... Au feu du jour toute faveur! Les voici mûrs et sous la pourpre, ces fruits d'un impérieux destin. Nous n'y trouvons point notre gré.

Soleil de l'être, trahison! Où fut la fraude, où fut l'offense? Où fut la faute et fut la tare, et l'erreur quelle est-elle? Reprendrons-nous le thème à sa naissance?

Revivrons-nous la fièvre et le tourment?... Majesté de la rose, nous ne sommes point de tes fervents : à plus amer va notre sang, à plus sévère vont nos soins, nos routes sont peu sûres, et la nuit est profonde où s'arrachent nos dieux. Roses canines et ronces noires peuplent pour nous les rives du naufrage.

Les voici mûrissant, ces fruits d'une autre rive. « Soleil de l'être, couvre-moi! » – parole du transfuge. Et ceux qui l'auront vu passer diront : qui fut cet homme, et quelle, sa demeure? Allait-il seul au feu du jour montrer la pourpre de ses nuits?... Soleil de l'être, Prince et Maître! Nos œuvres sont éparses, nos tâches sans honneur et nos blés sans moisson : la lieuse de gerbes attend au bas du soir. – Les voici teints de notre sang, ces fruits d'un orageux destin.

À son pas de lieuse de gerbes s'en va la vie sans haine ni rançon.

Chant pour un équinoxe, Gallimard, 1975

✦

L'odeur funèbre de la rose n'assiégera plus les grilles du tombeau; l'heure vivante dans les palmes ne taira plus son âme d'étrangère... Amères, nos lèvres de vivants le furent-elles jamais?

Amers, Gallimard, 1957

FERNANDO PESSOA

(1888-1935)

Sage qui se contente du spectacle du monde,
Qui, lorsqu'il boit, n'a pas même le souvenir
Qu'il a déjà bu dans sa vie,
Et pour qui tout est neuf,
Toujours immarcescible.

Que le couronnent pampres, lierre, roses volubiles,
Lui qui sait que la vie passe
Sur lui, que tout autant
La vie de la fleur que la sienne
Tranchent les ciseaux d'Atropos.

Mais il sait le cacher dans la couleur du vin,
Faire que sa saveur orgiaque
Des heures efface net le goût,
Ainsi qu'à une voix en pleurs
Fait le passage des bacchantes.

Puis, quasi satisfait, il attend, tranquille buveur,
Ne désirant qu'un seul
Désir, vite oublié :
Que l'onde abominable
De sitôt ne le mouille.

Odes de Ricardo Reis, 1916

Trad. du portugais par S. Biberfeld, D. Touati et J. Vital
Œuvres complètes, La Différence, 1988

Suis ta destinée,
Arrose les plantes,
Aime les roses.
Le reste est l'ombre
D'arbres étrangers.

La réalité
Est toujours plus ou moins
Que ce que nous voulons.
Nous seuls sommes toujours
Égaux à nous-mêmes.

Vivre seul est doux,
Vivre simplement,
Toujours, est noble et grand,
Sur les autels, en ex-voto
Pour les dieux, laisse la douleur.

Regarde la vie de loin.
Ne l'interroge jamais.
Elle ne peut rien
Te dire. La réponse
Est au-delà des dieux.

Mais sereinement
Imite l'Olympe
Au fond de ton cœur.
Les dieux sont dieux
Parce qu'ils ne se pensent pas.

Odes de Ricardo Reis, 1916

Trad. du portugais par S. Biberfeld, D. Touati et J. Vital
Œuvres complètes, La Différence, 1988

GIUSEPPE UNGARETTI

(1888-1990)

12 septembre 1966

Tu es apparue à la porte
Vêtue de rouge
Pour me dire que tu es feu
Qui consume et renflamme.

Une épine m'a piqué
De l'une de tes roses rouges
Pour que tu suces à mon doigt
Un sang déjà presque tien.

Nous avons suivi la rue
Que lacère la verdeur
De la colline sauvage
Mais depuis longtemps je savais
Que de qui souffre avec foi téméraire
L'âge pour vaincre ne compte.

On était un lundi,
Pour nous prendre les mains
Et nous parler heureux
Il ne fut d'autre refuge
Que ce triste jardin
De la ville convulsée.

Trad. de l'italien par P. Jaccottet
Vie d'un homme. Poésie, 1914-1970, Gallimard, 1981

Rouge et azur

J'ai entendu votre lever
Couleurs de l'amour,
Et voici que vous dévoilez une enfance de ciel.

Elle tend la rose la plus belle rêvée.

1928

Trad. de l'italien par J. Lescure
Vie d'un homme. Poésie, 1914-1970, Gallimard, 1981

Variations sur le thème de la rose

Tu m'attendais, patient,
Amour prédestiné,
Je te suivais éperdue
De ma première douleur.

Poursuivant l'image rêvée,
Mille fois je suis tombée.
Mon corps n'était plus vêtu que de sang.
Mes yeux s'éteignaient,
Les mains consumées
Se fermaient en vain,

Périssait le cœur.
Ta caresse tenace
Éloigna les ténèbres,
Les larmes longtemps réfrénées
Jaillirent bienheureuses.

Ton amour fit s'ouvrir
Sur les épines désarmées une fleur rouge
Que j'ai confiée à tes mains.

Mais déjà tu écris sur l'horizon l'adieu
De ta main tout ensanglantée,
La rose offerte l'a piquée
Qui va se nourrissant de larmes.

Gantée de sang
Ta main salue.

[...]

Main baignée de gouttes de sang
Sang qui n'est que d'épine de rose,
Rose piquée par son épine
Si elle pleure d'amour.

Trad. de l'italien par P. Jaccottet
Vie d'un homme 1914-1970, Gallimard, 1981

ANNA AKHMATOVA

(1889-1966)

Le jardin d'été

Je veux voir les roses dans ce jardin unique
Où s'élève une grille sans pareille ici-bas.

Où, jeune, les statues se souviennent de moi,
Et je me souviens d'elles sous l'eau de la Néva.

Dans l'odorant silence des tilleuls royaux,
J'entends le grincement des mâts sur les vaisseaux.

Là où le cygne, comme avant, glisse à travers les âges,
Admirant la splendeur de sa propre image.

Là des milliers de pas se sont tus à jamais,
Aimés ou haïs, haïs ou aimés ;

Et le cortège des ombres ne cesse de défiler
Du vase de granit aux portes du palais.

Là mes nuits blanches se murmurent tout bas
Un grand amour inconnu et secret,

Et de nacre et de jaspe tout rayonne là-bas,
Mais la source de lumière, mystérieuse, reste cachée.

1959

Trad. du russe par N. Struve
Anthologie de la poésie russe, Flammarion, 1970

✦

Je n'aime pas les fleurs.
Elles me rappellent les funérailles, les mariages et les
bals,
et les tables dressées.

Mais la simple beauté des roses qui annoncent le
printemps,
Cette beauté, dès l'enfance, fut toujours ma
consolation,
Elle est restée jusqu'aujourd'hui mon seul héritage,
Comme la musique de Mozart ou la nuit noire.

Trad. du russe par C. Mouze
Poèmes épars et fragments, Vol. 2, *1945-1959*, Harpo &, 2019

Rêve

Est-il doux de rêver des rêves ineffables?
A. Blok

Ce rêve était-il ou non prophétique...
Mars se levait dans un ciel constellé,
S'allumait, rouge, fatidique, –
J'ai rêvé cette nuit que tu venais.

Tout t'annonçait... La Chaconne de Bach,
Les roses ouvertes pour rien
Une cloche de village qui tinte
Sur les sombres terres labourées.

Et l'automne déjà tout proche
Qui soudain se ravise, recule.
En ce terrible anniversaire, comment, août,
As-tu pu m'apporter ce message?

Comment m'acquitter de ce cadeau royal ?
Où aller ? Avec qui festoyer ?
Me voici, comme avant, écrivant sans rature
Mes vers dans le cahier brûlé.

14 août 1956

Trad. du russe par M. Graf et J.-F. Tappy
L'églantier fleurit et autres poèmes,
La Dogana, Genève, 2010

Il fait bon ici : craquant, crissant,
Le gel, chaque matin plus dur,
Flamme blanche un buisson
D'éblouissantes roses de glace s'incline.
Et sur l'épaisse neige d'apparat,
Une trace de ski rappelle
Qu'il y a bien des siècles
Nous avons passé ici, toi et moi.

Hiver 1922

Trad. du russe par M. Graf et J.-F. Tappy
L'églantier fleurit et autres poèmes,
La Dogana, Genève, 2010

OSSIP MANDELSTAM

(1891-1938)

Pesanteur et tendresse, sœurs aux signes semblables,
Lourdes roses pour les guêpes et les mouches à miel.
L'homme agonise, la chaleur s'échappe du sable
Et sur de noirs brancards gît le soleil d'hier.

La pierre est plus légère qu'à ma bouche ton nom.
Ô! lourds rayons des ruches et vous tendres réseaux!
Je n'ai pour vivre désormais d'autre raison —
Ce beau souci, du temps surmonter le fardeau.

Je bois comme une eau noire l'air soudain troublé.
Le soc creuse le temps. La rose fut de terre
Et son lent tourbillon fit des couronnes doubles
Des lourdes tendres roses — tendresse et pesanteur.

Trad. du russe par F. Kérel
Tristia et autres poèmes, Gallimard, 1975

**Lèvres emmaillotées comme une rose humide,
portant les rayons de miel alvéolés,
aux confins du monde dès l'aube des jours
tu étais debout, ravalant tes larmes.**

Trad. du russe par C. Pighetti
Nouveaux poèmes, 1930-1934, Allia, 2010; 2018

MARINA TSVÉTAÏÉVA
(1892-1941)

Les vers naissent comme les étoiles et les roses,
Comme la beauté dont la famille ne veut pas,
Et aux couronnes et aux apothéoses –
Une seule réponse : mais d'où me vient cela ?

Nous dormons – et à travers les dalles de pierre,
De l'hôte céleste percent les quatre pétales.
Sache-le, ô monde ! Le poète découvre dans ses rêves
La formule de la fleur et la loi de l'étoile.

14 août 1918

Trad. du russe par Z. Bianu
Insomnies et autres poèmes, Gallimard, 2010

Je sais que je mourrai dans la lumière :
Soleil levant-couchant – ne se commande,
Ah s'il pouvait mon flambeau, par deux fois s'éteindre
Pour mourir le matin et le soir en même temps !
J'ai dansé mon chemin sur la terre, fille du ciel !
Mon tablier rempli de roses, sans briser une seule
pousse

Je sais que je mourrai à l'aube, une longue nuit aux
griffes de vautour,
Dieu ne l'enverra pas à mon âme de cygne !

Écartant d'une main douce la croix non baisée,
Je m'élancerai vers le ciel généreux recevoir un
dernier salut !
Brisure de l'aube et fente du sourire en retour,
Même dans un hoquet d'agonie je resterai poète.

Moscou, décembre 1920

Trad. du russe par V. Lossky
Poésie lyrique. Poèmes de Russie (1912-1920),
Éditions des Syrtes, 2015, pour la traduction française
Avec l'aimable autorisation des Éditions des Syrtes

STINA ARONSON
(1892-1956)

Une foule de gens vit en moi,
imbéciles, amants, ermites, danseurs.
Ma vie est un édifice vibrant
Je suis un fourmillement, une place de marché.
Je dérange mes propres moments de dévotion
avec mes pas bruyants.
J'interfère avec la diversité de la malédiction.
Oh, les roses grimpantes vont éclore un matin
avant que le miroitement devienne jour.
Je bois cette minute avant la floraison
Seules mes roses coupées,
mes contes coupés,
peuvent me donner
un verre de silence
et garder nos humbles mains ensemble.

Tolv Hav (1930), extrait du poème « Jagen »

Trad. du suédois par C. Smits

DOROTHY PARKER
(1893-1967)

Une rose parfaite

Depuis notre rencontre, il m'a envoyé une seule fleur.
Avec tendresse il a choisi sa messagère ;
Au grand cœur, pure, encore humectée de rosée
parfumée –
Une parfaite rose.

Je connaissais la langue des florescences ;
« Mes feuilles fragiles », disait-elle, « enveloppent son
cœur ».
Son amour a depuis longtemps pris pour amulette
Une parfaite rose.

Pourquoi donc personne ne m'a-t-il encore envoyé
De parfaite limousine, pensez-vous ?
Hé non, c'est bien ma chance d'avoir reçu
Une parfaite rose.

Enough Rope, 1926

Trad. de l'anglais (États-Unis) par D. Boratav

PAUL ELUARD

(1895-1952)

Au fond du cœur, au fond de notre cœur, un beau jour, le beau jour de tes yeux continue. Les champs, l'été, les bois, le fleuve. Fleuve seul animant l'apparence des cimes. Notre amour c'est l'amour de la vie, le mépris de la mort. À même la lumière contredite, souffrante, une flamme perpétuelle. Dans tes yeux, un seul jour, sans croissance ni fin, un jour sur terre, plus clair en pleine terre que les roses mortelles dans les sources de midi.

Au fond de notre cœur, tes yeux dépassent tous les ciels, leur cœur de nuit. Flèches de joie, ils tuent le temps, ils tuent l'espoir et le regret, ils tuent l'absence.
La vie, seulement la vie, la forme humaine autour de tes yeux clairs.

Donner à voir, Gallimard, 1939

Le jeu de construction

À Raymond Roussel

L'homme s'enfuit, le cheval tombe,
La porte ne peut pas s'ouvrir,
L'oiseau se tait, creusez sa tombe,
Le silence le fait mourir.

Un papillon sur une branche
Attend patiemment l'hiver,
Son cœur est lourd, la branche penche,
La branche se plie comme un ver.

Pourquoi pleurer la fleur séchée
Et pourquoi pleurer les lilas ?
Pourquoi pleurer la rose d'ambre ?

Pourquoi pleurer la pensée tendre ?
Pourquoi chercher la fleur cachée
Si l'on n'a pas de récompense ?

– Mais pour ça, ça et ça.

« Mourir de ne pas mourir » dans *Capitale de la douleur*,
Gallimard, 1926

L'enfant la plus inutile
Sans avenir sans mémoire
Très vague et toujours bercée

Elle se tisse un voile de café
Elle soulève un voile de fumée

Rose à finir sous les yeux
Sous l'abat-jour de ses doigts

Rose à finir sous les lèvres
En silence sous les lèvres
Du plus grand plaisir connu

Le Lit la table, 1944

ALICE NAHON

(1896-1933)

Bouton de rose

Je n'aime pas les roses en fleurs
Qui ont vidé leur cœur
Et qui à l'ouverture
De leur fragile volupté
Pleurent leur première larme mortelle

Je préfère les voir porter en attendant
Ce qu'un bouton cache en s'ouvrant
La douce somnolence
D'un si suave désir
Qu'une autre rose peut ressentir

Car à travers chaque bonheur sanglote
Crépuscule de tristesse
Comme un amour
Connu de nous deux seulement
Et qui reste secret et inavoué

Amour protège-moi et éloigne-moi toujours
Des flammes de ton immense brasier
Car c'est la passion
Des baisers du soleil
Qui fait mourir une rose...

Trad. de l'allemand par C. Leën et G. Rancourt

ARAGON

(1897-1982)

C

J'ai traversé les ponts de Cé
C'est là que tout a commencé

Une chanson des temps passés
Parle d'un chevalier blessé

D'une rose sur la chaussée
Et d'un corsage délacé

Du château d'un duc insensé
Et des cygnes dans les fossés

De la prairie où vient danser
Une éternelle fiancée

Et j'ai bu comme un lait glacé
Le long lai des gloires faussées

La Loire emporte mes pensées
Avec les voitures versées

Et les armes désamorcées
Et les larmes mal effacées

Ô ma France ô ma délaissée
J'ai traversé les ponts de Cé.

Les Yeux d'Elsa, Seghers, 1942

La rose et le réséda

Celui qui croyait au ciel
Celui qui n'y croyait pas
Tous deux adoraient la belle
Prisonnière des soldats
Lequel montait à l'échelle
Et lequel guettait en bas
Celui qui croyait au ciel
Celui qui n'y croyait pas
Qu'importe comment s'appelle
Cette clarté sur leurs pas
Que l'un fût de la chapelle
Et l'autre s'y dérobât
Celui qui croyait au ciel
Celui qui n'y croyait pas
Tous les deux étaient fidèles
Des lèvres du cœur des bras
Et tous les deux disaient qu'elle
Vive et qui vivra verra
Celui qui croyait au ciel
Celui qui n'y croyait pas
Quand les blés sont sous la grêle
Fou qui fait le délicat
Fou qui songe à ses querelles

Au cœur du commun combat
Celui qui croyait au ciel
Celui qui n'y croyait pas
Du haut de la citadelle
La sentinelle tira
Par deux fois et l'un chancelle
L'autre tombe qui mourra
Celui qui croyait au ciel
Celui qui n'y croyait pas
Ils sont en prison Lequel
A le plus triste grabat
Lequel plus que l'autre gèle
Lequel préfère les rats
Celui qui croyait au ciel
Celui qui n'y croyait pas
Un rebelle est un rebelle
Deux sanglots font un seul glas
Et quand vient l'aube cruelle
Passent de vie à trépas
Celui qui croyait au ciel
Celui qui n'y croyait pas
Répétant le nom de celle
Qu'aucun des deux ne trompa
Et leur sang rouge ruisselle
Même couleur même éclat
Celui qui croyait au ciel
Celui qui n'y croyait pas
Il coule il coule il se mêle
À la terre qu'il aima
Pour qu'à la saison nouvelle

Mûrisse un raisin muscat
Celui qui croyait au ciel
Celui qui n'y croyait pas
L'un court et l'autre a des ailes
De Bretagne ou du Jura
Et framboise ou mirabelle
Le grillon rechantera
Dites flûte ou violoncelle
Le double amour qui brûla
L'alouette et l'hirondelle
La rose et le réséda.

La Diane française, Seghers, 1944

Heureux celui qui meurt d'aimer

Ô mon jardin d'eau fraîche et d'ombre
Ma danse d'être mon cœur sombre
Mon ciel des étoiles sans nombre
Ma barque au loin douce à ramer
Heureux celui qui devient sourd
Au chant s'il n'est de son amour
Aveugle au jour d'après son jour
Ses yeux sur toi seule fermés

Heureux celui qui meurt d'aimer
Heureux celui qui meurt d'aimer

D'aimer si fort ses lèvres closes
Qu'il n'ait besoin de nulle chose
Hormis le souvenir des roses
À jamais de toi parfumées
Celui qui meurt même à douleur
À qui sans toi le monde est leurre
Et n'en retient que tes couleurs
Il lui suffit qu'il t'ait nommée

Heureux celui qui meurt d'aimer
Heureux celui qui meurt d'aimer

Mon enfant dit-il ma chère âme
Le temps de te connaître ô femme
L'éternité n'est qu'une pâme
Au feu dont je suis consumé
Il a dit ô femme et qu'il taise
Le nom qui ressemble à la braise
À la bouche rouge à la fraise
À jamais dans ses dents formée

Heureux celui qui meurt d'aimer
Heureux celui qui meurt d'aimer

Il a dit ô femme et s'achève
Ainsi la vie, ainsi le rêve
Et soit sur la place de grève
Ou dans le lit accoutumé
Jeunes amants vous dont c'est l'âge
Entre la ronde et le voyage
Fou s'épargnant qui se croit sage
Criez à qui vous veut blâmer

Heureux celui qui meurt d'aimer
Heureux celui qui meurt d'aimer

Le Fou d'Elsa, Gallimard, 1963

FEDERICO GARCÍA LORCA

(1899-1936)

La rosa mutabile

Lorsque le matin elle s'ouvre,
elle est rouge comme le sang.
La rosée ne la touche pas
de crainte de se brûler.
Ouverte à la mi-journée
elle est dure comme du corail.
Le soleil s'approche des vitres
pour la regarder étinceler.
Lorsque sur les branches
commencent à chanter les oiseaux
et que l'après-midi s'évanouit
dans les violettes de la mer,
elle devient blanche, avec le blanc
d'une joue de sel.
Et lorsque la nuit sonne
dans sa corne courbe de métal
et que les étoiles rentrent en scène
pendant que la brise s'en va,
au bord de l'obscurité,
elle commence à s'effeuiller.

Dona Rosita ou le Langage des fleurs, 1935

Trad. de l'espagnol par A. Bensoussan
Dona Rosita l'esseulée ou le Langage des fleurs, Gallimard, 2012

La prière des roses

Je vous salue, ô roses, étoiles solennelles.
Roses, roses joyaux vivants de l'infini,
bouches, seins, vagues âmes parfumées,
larmes, baisers ! grains et pollen de lune,
ô doux lotus sur les étangs de l'âme,
je vous salue, étoiles solennelles !

[...]

En marge du *Livre de poèmes* , 1918

Trad. de l'espagnol par A. Belamich
Œuvres complètes, Vol. 1, Gallimard, 1981

Ode à Salvador Dalí

Une rose dans le haut jardin que tu désires.
Une roue dans la pure syntaxe de l'acier.
Dénudée la montagne de brume impressionniste.
Les gris contemplent leurs dernières balustrades.

Les peintres modernes dans leurs blancs ateliers,
coupent la fleur aseptique de la racine carrée

[...]

Mais la rose, la rose au jardin où tu vis,
elle encore et toujours, nord et sud de nos âmes !
Tranquille et concentrée ainsi qu'un marbre aveugle
ignorant les effets souterrains qui la créent.

Rose pure effaçant croquis et artifice
pour nous ouvrir les ailes frêles de son sourire.
(Papillon épinglé qui médite son vol.)
Rose de l'équilibre obtenu sans douleur. Toujours la
rose.

Trad. de l'espagnol par A. Belamich
Œuvres complètes, Vol. 1, Gallimard, 1981

Chanson de novembre et d'avril

Le ciel nuageux
me fait des yeux blancs.

Pour leur rendre vie
j'en approche une fleur
jaune vif.

Je ne puis les troubler.
ils restent blancs, glacés.

(À mes épaules vole
pleine, mon âme d'or.)

Mais le ciel d'avril
me fait des yeux de saphir.

Pour leur donner âme, je penche
près d'eux une rose blanche.

Je ne puis mêler
le blanc au saphir.

(À mes épaules voltige
aveugle, mon âme impassible.)

Chansons, 1921-1924

Trad. de l'espagnol par A. Belamich
Poésie II. 1921-1927, Gallimard, 1954

Maison de la rose

La rose
ne cherchait pas l'aurore :
presque éternelle en son bouquet,
elle cherchait autre chose.

La rose
ne cherchait ni science ni ombre :
confins de chair et de songe,
elle cherchait autre chose.

La rose
ne cherchait pas la rose.
Immobile dans le ciel
elle cherchait autre chose.

Trad. de l'espagnol par L. Breysse-Chanet
Divan du Tamarit. 1931-1934,
suivi de *Sonnets de l'amour obscur,*
1935, La Rumeur libre, 2022

JORGE LUIS BORGES

(1899-1986)

La rose,
la rose inaccessible et non chantée,
ce poids et ce parfum, la rose,
celle du noir jardin aux hautes nuits,
celle de tout jardin et de tout soir,
la rose qui par œuvre d'alchimie
ressuscita de la cendre ténue,
la rose des Persans, de l'Arioste,
la toujours solitaire,
la rose qui toujours est la rose des roses,
la jeune rose platonique,
l'ardente, aveugle rose non chantée,
la rose inaccessible.

Ferveur de Buenos Aires, 1967-1969

Trad. de l'espagnol (Argentine) par J.-B. Bernès et N. Ibarra
Œuvres complètes, Vol. 1, Gallimard, 1999

Une rose et Milton

De toutes les générations de roses
Qui dans le ciel du temps se sont perdues
Je veux que de l'oubli une se sauve,
Une sans marque ou signe entre les choses
Qui ont été. Le destin me confère
Ce don de nommer pour la première
Fois cette fleur silencieuse, la dernière
Que Milton de son visage approcha
Sans la voir. Ô toi, jaune ou vermeille, ou
Blanche rose d'un jardin effacé,
Laisse magiquement tout ton passé
Immémorial et brille dans mes vers.
Ivoire, sang ou or, ô ténébreuse
Comme en ses mains, ô invisible rose.

L'Autre, le même

Trad. de l'espagnol (Argentine) par J.-P. Bernès et N. Ibarra
Œuvres complètes, Vol. 2, Gallimard, 1999

Nuages

Pas une chose au monde qui ne soit
Nuage. Nuages, les cathédrales,
pierre imposante et bibliques verrières,
qu'aplanira le temps. Nuage l'*Odyssée*,
mouvante, comme la mer, neuve
toujours quand nous l'ouvrons. Le reflet
de ta face est un autre, déjà, dans le miroir
et le jour, un labyrinthe impalpable.
Nous sommes ceux qui partent. Le nuage
nombreux qui s'efface au couchant
est notre nuage. Telle rose
en devient une autre, indéfiniment.
Tu es nuage, tu es mer, tu es oubli.
Tu es aussi ce que tu as perdu.

Les Conjurés, 1985

Trad. de l'espagnol (Argentine) par C. Esteban
Les Conjurés, précédé de *Le Chiffre*, Gallimard, 1988

Nous lisons que « la rose est sans pourquoi » dans le premier livre du *Cherubinischer Wandersmann* de Silesius. Eh bien moi j'affirme le contraire, j'affirme qu'une tenace conspiration de pourquois est indispensable pour que la rose soit rose. Je crois qu'il faut toujours plus d'une cause pour la gloire instantanée ou le fiasco immédiat d'un vers. Je crois dans les mystères raisonnables, pas dans les miracles sauvages.

Jorge Luis Borges en SUR (1931-1980), 1999, DR

Die Rose ist ohne Warum. « La rose est sans pourquoi » [...]. La sentence du mystique vise à nous prévenir [de] la possible profanation que renferme toute analyse de la beauté.

Jorge Luis Borges en SUR (1931-1980), 1999, DR

ROBERT DESNOS

(1900-1945)

De la rose de marbre à la rose de fer

La rose de marbre immense et blanche était seule sur la place déserte où les ombres se prolongeaient à l'infini. Et la rose de marbre seule sous le soleil et les étoiles était reine de la solitude. Et sans parfum la rose de marbre sur sa tige rigide au sommet du piédestal de granit ruisselait de tous les flots du ciel. La lune s'arrêtait pensive en son cœur glacial et les déesses des jardins les déesses de marbre à ses pétales venaient éprouver leurs seins froids.

La rose de verre résonnait à tous les bruits du littoral. Il n'était pas un sanglot de vague brisée qui ne la fit vibrer. Autour de sa tige fragile et de son cœur transparent des arcs-en-ciel tournaient avec les astres. La pluie glissait en boules délicates sur ses feuilles que parfois le vent faisait gémir à l'effroi des ruisseaux et des vers luisants.

La rose de charbon était un phénix nègre que la poudre transformait en rose de feu. Mais sans cesse issue des corridors ténébreux de la mine où les mineurs la recueillaient avec respect pour la transporter au jour dans sa gangue d'anthracite la rose de charbon veillait aux portes du désert.

La rose de papier buvard saignait parfois au crépuscule

quand le soir à son pied venait s'agenouiller. La rose de buvard gardienne de tous les secrets et mauvaise conseillère saignait un sang plus épais que l'écume de mer et qui n'était pas le sien.

La rose de nuages apparaissait sur les villes maudites à l'heure des éruptions de volcans à l'heure des incendies à l'heure des émeutes et au-dessus de Paris quand la commune y mêla les veines irisées du pétrole et l'odeur de la poudre elle fut belle belle au 21 janvier belle au mois d'octobre dans le vent froid des steppes belle en 1905 à l'heure des miracles à l'heure de l'amour.

La rose de bois présidait aux gibets. Elle fleurissait au plus haut de la guillotine puis dormait dans la mousse à l'ombre immense des champignons.

La rose de fer avait été battue durant des siècles par des forgerons d'éclairs. Chacune de ses feuilles était grande comme un ciel inconnu. Au moindre choc elle rendait le bruit du tonnerre. Mais qu'elle était douce aux amoureuses désespérées la rose de fer.

La rose de marbre la rose de verre la rose de charbon la rose de papier buvard la rose de nuages la rose de bois la rose de fer refleuriront toujours mais aujourd'hui elles sont effeuillées sur ton tapis.

Qui es-tu ? toi qui écrases sous tes pieds nus les débris fugitifs de la rose de marbre de la rose de verre de la rose de charbon la rose de papier buvard de la rose de nuages de la rose de bois de la rose de fer.

Corps et biens, Gallimard, 1930

Bagatelle

Vous reviendrez me voir, dit-elle
Quand vous serez riche à millions.
Quand les roses de
Bagatelle,
Sous la neige s'épanouiront.
Lavant le sable des rivières,
Brisant le quartz, ouvrant le tronc
Des caoutchoucs à la lisière
D'un enfer d'arbres aux fûts ronds.
Libérant des nids de pétrole,
Ou labourant les
Alaskas,
Quatre-vingts ans, la terre molle
Cacha le trésor des
Incas.
Quand il revint, elle était morte,
Il était bête, il était vieux,
Mais les amants de cette sorte
Ne sont pas tellement nombreux.

Que fleurissent à
Bagatelle
Les roses de poudre et frimas,
Mais que fleurissent surtout celles
Que l'on aime jusqu'au trépas.

Destinée arbitraire, Gallimard, 1926

La Rose

Rose rose, rose blanche,
Rose thé,
J'ai cueilli la rose en branche
Au soleil de l'été
Rose blanche, rose rose,
Rose d'or,
J'ai cueilli la rose éclose
Et son parfum m'endort.

Chantefables et Chantefleurs, Gründ, 1970

ANTOINE DE SAINT-EXUPÉRY

(1900-1944)

– Je t'aime, dit le Petit Prince.
– Moi aussi, je te veux, dit la rose.
– Ce n'est pas pareil, répondit le Petit Prince. Vouloir, c'est prendre possession de quelque chose, de quelqu'un. C'est chercher chez les autres ce qui peut remplir nos besoins personnels d'affection, de compagnie... Vouloir, c'est chercher à faire nôtre ce qui ne nous appartient pas, c'est s'approprier ou désirer quelque chose pour nous combler, parce qu'à un moment donné, quelque chose nous manque. Aimer, c'est désirer le meilleur pour l'autre, même s'il a des aspirations différentes des nôtres. Aimer, c'est permettre à l'autre d'être heureux, même si son chemin est différent du mien. C'est un sentiment désintéressé qui naît d'un don de soi, c'est se donner entièrement à partir de notre cœur. Quand on aime, on donne sans rien demander en échange, pour le simple et pur plaisir de donner. Mais il est aussi certain que ce don, ce don de soi, complètement désintéressé, ne se fait que quand on connaît. Nous ne pouvons aimer que ce que nous connaissons, parce qu'aimer veut dire se jeter dans le vide, faire confiance à la vie et à... L'âme ne s'achète, ni se vend. Et connaître, c'est justement tout savoir de toi, de tes joies, de ta paix, mais aussi de

tes contrariétés, de tes luttes, de tes erreurs. Parce que l'amour transcende les disputes, la lutte et les erreurs, l'amour, ce n'est pas uniquement pour les moments de joie. Aimer, c'est la confiance absolue que, quoi qu'il se passe, tu seras toujours là.

Le Petit Prince, Gallimard, 1946

✦

Les hommes de chez toi cultivent cinq mille roses dans un même jardin, et ils n'y trouvent pas ce qu'ils cherchent...
– Ils ne le trouvent pas, répondis-je...
– Et cependant, ce qu'ils cherchent pourrait être trouvé dans une seule rose ou un peu d'eau...
– Bien sûr, répondis-je...
Et le Petit Prince ajouta :
– Mais les yeux sont aveugles. Il faut chercher avec le cœur.

Le Petit Prince, Gallimard, 1946

C'est le temps que tu as perdu pour ta rose qui rend ta rose importante.

Le Petit Prince, Gallimard, 1946

✦

C'est une folie de haïr toutes les roses, parce qu'une épine vous a piqué, d'abandonner tous les rêves, parce que l'un d'entre eux ne s'est pas réalisé, de renoncer à toutes les tentatives parce qu'on a échoué...

Le Petit Prince, Gallimard, 1946

LOUISE DE VILMORIN

(1902-1969)

Il n'y a rien sous le ciel, ô silence,
Rien que silence et signe blanc
Et flèche de l'indifférence
Sous la rose des quatre vents.

Rien qu'une flèche sous la rose
Aux pétales d'éternité,
Rien que le vent qui décompose
Les roses des témérités.

Solitude, ô mon éléphant, Gallimard, 1972

DULCE MARÍA LOYNAZ

(1902-1997)

La Ballade de l'amour tardif

Amour qui viens si tard,
apporte-moi au moins la paix :
Amour du soir tombant, quel chemin fourvoyé
te conduit à ma solitude ?

Amour qui m'as cherchée moi qui ne te cherchais,
que faut-il préférer :
ce que tu vas me dire ?
Ce que je ne dis plus ?...

Amour... Sens-tu le froid ? Je suis la lune :
Je détiens la mort blanche, aussi la vérité
lointaine... – Ne m'offre pas tes roses fraîches :
je suis rétive aux roses. Donne-moi la mer...

Amour qui viens si tard, non, tu ne m'as pas vue,
hier lorsque j'étais chant au milieu des blés...
Amour de mon silence et de ma lassitude,
ne sois pas aujourd'hui ce qui me fait pleurer.

Trad. de l'espagnol (Cuba) par C. Couffon
La Fille prodigue, La Différence, 1994

RAYMOND QUENEAU

(1903-1976)

Si tu t'imagines

Si tu t'imagines
Si tu t'imagines, fillette fillette
Si tu t'imagines
Qu'ça va qu'ça va qu'ça
Va durer toujours
La saison des a
La saison des a
Saison des amours
Ce que tu te gourres fillette fillette
Ce que tu te gourres
Si tu crois petite
Si tu crois hum hum
Que ton teint de rose
Ta taille de guêpe
Tes mignons biceps
Tes ongles d'émail
Ta cuisse de nymphe
Et ton pied léger
Si tu crois qu'ça va
Qu'ça va qu'ça va qu'ça
Va durer toujours
Ce que tu te gourres fillette fillette
Ce que tu te gourres

Les beaux jours s'en vont
Les beaux jours de fête
Soleils et planètes
Tournent tous en rond
Mais toi ma petite
Tu marches tout droit
Vers c'que tu n'vois pas
Très sournois s'approchent
La ride véloce
La pesante graisse
Le menton triplé
Le muscle avachi
Allons cueille cueille les roses, les roses
Roses de la vie
Roses de la vie
Et que leurs pétales
Soient la mer étale
De tous les bonheurs
De tous les bonheurs
Allons cueille cueille
Si tu le fais pas
Ce que tu te gourres fillette fillette
Ce que tu te gourres

L'Instant fatal, Gallimard, 1948

ANAÏS NIN

(1903-1977)

Son corps s'était mué sous les caresses en un buisson de roses de Sharon prêtes à souffler leur pollen, prêtes pour la volupté.

Si longtemps attendue, si longtemps promise, la possession vint et compensa l'attente par une extase prolongée, profonde, bouleversante.

Trad. de l'anglais (États-Unis) par B. Commengé
Être femme et autres essais, Stock, 2001

PABLO NERUDA

(1904-1973)

Ivre de longs baisers, ivre des térébinthes,
je dirige, estival, le voilier des roses,
me penchant vers la mort de ce jour si ténu,
cimenté dans la frénésie ferme de la mer.

Blafard et amarré à mon eau dévorante
croisant dans l'aigre odeur du climat découvert,
encore revêtu de gris, de sons amers,
et d'un triste cimier d'écume abandonnée.

Je vais, dur, passionné, sur mon unique vague,
lunaire, brusque, ardent et froid, solaire,
et je m'endors d'un bloc sur la gorge des blanches
îles fortunées, douces comme des hanches fraîches.

Mon habit de baisers tremble en la nuit humide
follement agité d'électriques décharges,
d'hébraïque façon divisé par des songes
l'ivresse de la rose en moi s'est déployée.

En remontant les eaux, dans les vagues externes,
ton corps jumeau et qui se soumet dans mes bras
comme un poisson sans fin s'est collé à mon âme
rapide et lent dans cette énergie sous les cieux.

Vingt poèmes d'amour et une chanson désespérée, 1924

Trad. de l'espagnol (Chili) par A. Bonhomme et J. Marcenac
Les Premiers Livres, Gallimard, 1982

✦

Abeille blanche, ivre de miel, toi qui bourdonnes dans
mon âme,
tu te tords en lentes spirales de fumée.

Je suis le désespéré, la parole sans écho,
celui qui a tout eu, et qui a tout perdu.

Dernière amarre, en toi craque mon anxiété dernière.
En mon désert tu es la rose ultime.

Ah ! silencieuse !

Ferme tes yeux profonds. La nuit y prend son vol.
Ah ! dénude ton corps de craintive statue.

Tu as des yeux profonds où la nuit bat des ailes.
Et de frais bras de fleur et un giron de rose.

Et tes seins sont pareils à des escargots blancs.
Un papillon de nuit dort posé sur ton ventre.

Ah! silencieuse!

Voici la solitude et tu en es absente.
Il pleut. Le vent de mer chasse d'errantes mouettes.

L'eau marche les pieds nus par les routes mouillées.
Et la feuille de l'arbre geint, comme un malade.

Abeille blanche, absente, en moi ton bourdon dure.
Tu revis dans le temps, mince et silencieuse.

Ah! silencieuse!

Vingt poèmes d'amour et une chanson désespérée, 1924

Trad. de l'espagnol (Chili) par A. Bonhomme et J. Marcenac
Les Premiers Livres, Gallimard, 1982

Corps de femme, blanches collines, cuisses blanches,
l'attitude du don te rend pareil au monde.
Mon corps de laboureur sauvage, de son soc
a fait jaillir le fils du profond de la terre.

Je fus comme un tunnel. Déserté des oiseaux,
la nuit m'envahissait de toute sa puissance.
pour survivre j'ai dû te forger comme une arme
et tu es la flèche à mon arc, tu es la pierre dans ma
fronde.

Mais passe l'heure de la vengeance, et je t'aime.
Corps de peau et de mousse, de lait avide et ferme.
Ah ! le vase des seins ! Ah ! les yeux de l'absence !
ah ! roses du pubis ! ah ! ta voix lente et triste !

Corps de femme, je persisterai dans ta grâce.
Ô soif, désir illimité, chemin sans but !
Courants obscurs où coule une soif éternelle
et la fatigue y coule, et l'infinie douleur.

Vingt poèmes d'amour et une chanson désespérée, 1924

Trad. de l'espagnol (Chili) par A. Bonhomme et J. Marcenac
Les Premiers Livres, Gallimard, 1992

Ne pas être serait être sans que tu sois,
sans que tu passes au cœur du midi traversé
pareille à la fleur bleue, et sans que tu chemines
plus tard à travers les briques et le brouillard,

sans cette lumière que tu portes en ta main
lumière d'or que nul autre ne saurait voir,
et dont nul n'a su peut-être qu'elle croissait
comme le commencement rouge de la rose,

sans que tu sois, enfin, sans que tu sois venue
brusque, stimulante, pour connaître ma vie,
rafale de rosier, et froment dans le vent,

et dès lors moi je suis parce que tu es,
et dès lors toi tu es, moi je suis et nous sommes,
par amour je serai, tu seras, nous serons.

La Centaine d'amour, 1959

Trad. de l'espagnol (Chili) par A. Bonhomme et J. Marcenac
La Centaine d'amour, Gallimard, 1995

SHINOHARA HÔSAKU
(1905-1936)

Fourmi ! ...

Fourmi !
tu as beau grimper à la rose
le soleil est encore loin.

Trad. du japonais par C. Atlan et Z. Bianu
Haiku du XXe siècle, Gallimard, 2007

RENÉ CHAR
(1907-1988)

La rose violente

Œil en transe miroir muet
Comme je m'approche je m'éloigne
Bouée au créneau

Tête contre tête tout oublier
Jusqu'au coup d'épaule en plein cœur
La rose violente
Des amants nuls et transcendants.

Le Marteau sans maître, Corti, 1938

La rose de chêne

Chacune des lettres qui compose ton nom, ô Beauté, au tableau d'honneur des supplices, épouse la plane simplicité du soleil, s'inscrit dans la phrase géante qui barre le ciel, et s'associe à l'homme acharné à tromper son destin avec son contraire indomptable : l'espérance.

Feuillets d'Hypnos, Gallimard, 1946

Une rose pour qu'il pleuve.
Au terme d'innombrables années,
c'est ton souhait.

Fureur et mystère, Gallimard, 1948

✦

À une rose je me lie.

Nous sommes ingouvernables. Le seul maître qui nous soit propice, c'est l'Éclair, qui tantôt nous illumine et tantôt nous pourfend.

Éclair et rose, en nous, dans leur fugacité, pour nous accomplir, s'ajoutent.

Je suis d'herbe dans ta main, ma pyramide adolescente.
Je t'aime sur tes mille fleurs refermées.

La Parole en archipels, Gallimard, 1962

Front de la rose

Malgré la fenêtre ouverte dans la chambre au long congé, l'arôme de la rose reste lié au souffle qui fut là. Nous sommes une fois encore sans expérience antérieure, nouveaux venus, épris. La rose ! Le champ de ses allées éventerait même la hardiesse de la mort. Nulle grille qui s'oppose. Le désir resurgit, mal de nos fronts évaporés. Celui qui marche sur la terre des pluies n'a rien à redouter de l'épine, dans les lieux finis ou hostiles. Mais s'il s'arrête et se recueille, malheur à lui ! Blessé au vif, il vole en cendres, archer repris par la beauté.

La Parole en archipels, Gallimard, 1962

W. H. AUDEN
(1907-1973)

Si je pouvais le dire

Le Temps dira, sans plus : Je te l'avais bien dit.
Seul, le temps sait le prix qu'il faudra que l'on paie,
Et je te l'apprendrais, si je pouvais le dire.

Si nous devons pleurer quand les clowns se produisent
Et si nous trébuchons quand jouent les musiciens,
Le Temps dira, sans plus : Je te l'avais bien dit.

Nul ne peut prévoir l'avenir, et cependant
Comme je t'aime plus que je ne saurais le dire,
Ah, je te l'apprendrais, si je pouvais le dire.

Il faut bien que les vents soufflent de quelque part,
Il faut bien expliquer que les feuilles pourrissent.
Le Temps dira, sans plus : Je te l'avais bien dit.

Peut-être que la rose aime vraiment s'ouvrir,
Que la vision vraiment souhaite demeurer;
Ah, je te l'apprendrais, si je pouvais le dire.

Supposons que les lions viennent à décamper
Et que tous les ruisseaux et les soldats s'enfuient,
Le Temps ne dira-t-il que : Je l'avais bien dit ?
Ah, je te l'apprendrais, si je pouvais le dire.

Trad. de l'anglais par J. Lambert
Poésies choisies, Gallimard, 1976

YANNIS RITSOS

(1909-1990)

Explication nécessaire

Il y a certains vers – parfois des poèmes entiers –
moi-même je ne sais pas ce qu'ils veulent dire.
Ce que je ne sais pas
me retient encore. Et toi tu as raison d'interroger.
N'interroge pas.
Je te dis que je ne sais pas.
Deux lumières parallèles
venant du même centre. Le bruit de l'eau
qui tombe, en hiver, de la gouttière pleine
ou le bruit d'une goutte d'eau tombant
d'une rose dans le jardin arrosé
doucement très doucement un soir de printemps
comme le sanglot d'un oiseau. Je ne sais pas
ce que veut dire ce bruit ; pourtant moi je l'accepte.
Les choses que je sais je te les explique.
Je ne néglige pas.
Mais les autres aussi ajoutent à notre vie.

Je regardais
son genou plié, comme elle dormait,
qui soulevait le drap.
Ce n'était pas seulement l'amour. Cet angle
était la crête de la tendresse, et l'odeur
du drap, de la propreté et du printemps complétait
cet inexplicable, que j'ai cherché,
en vain encore à t'expliquer.

Trad. du grec par G. Pierrat
La Sonate au clair de lune et autres poèmes.
1956-1963, Seghers, 1976

MIGUEL HERNÁNDEZ

(1910-1942)

Le soleil, la rose et l'enfant
Sont nés fleurs d'un jour.
Ceux de chaque jour sont
soleils, fleurs, enfants nouveaux.

Demain ce ne sera pas moi :
Un autre sera le vrai.
Et je ne serai pas au-delà
De celui qui voudra son souvenir.

Fleur d'un jour, voilà le plus grand
Au pied du plus petit.
Fleur de la lumière l'éclair,
Et fleur de l'instant le temps.

Parmi les fleurs tu es parti.
Parmi les fleurs je reste.

XII, *Cancionero y romancero de ausencias*

Trad. de l'espagnol par Á. Villalobos

De la contemplation
naît la rose ;
de l'oranger et le laurier :
Toi et moi de ce baiser-là.

Me ha hecho poeta la vida

Trad. de l'espagnol par Á. Villalobos

Valse des amoureux réunis pour toujours

Ils n'auront plus quitté
le verger de l'étreinte.
Face au rouge rosier
des baisers ils roulèrent.
Des orages voulurent
rageurs les séparer
et des haches tranchantes
et des traits fulgurants.

Ils peuplèrent la terre
des pâleurs de leurs mains.
Et poussés par le vent,
mesurant des ravins
dans leurs bouches fondantes
ils ont vu des naufrages
de plus en plus profonds
dans leurs corps, dans leurs bras.

Poursuivis, submergés
par un grand abandon
de mémoire et de lunes,
de novembre et de mars,
ils se virent vannés
comme poudre légère :
ils se virent vannés,
mais toujours enlacés.

Trad. de l'espagnol par N. Laurent-Catrice
Chansons et refrains d'absence.
1938-1941, Le Temps des Cerises, 2017

EDMOND JABÈS

(1912-1991)

Aussi belle que la main de l'aimée
sur la mer.
Aussi seule.

J'écris pour vous. La douleur est un coquillage. On y écoute perler le cœur.
J'écris pour vous, au seuil de l'idylle, pour la plante aux feuilles d'eau, aux épines de flammes, pour la rose d'Amour.
J'écris pour rien, pour les mots luisants que trace ma mort, pour l'instant de vie éternellement dû.

Aussi belle que la main de l'aimée
sur le signe.
Aussi seule

L'Écorce du monde, Seghers, 1955

HENRI THOMAS

(1912-1993)

Toute l'âme dépensée
entre les amis d'un jour,
les désolantes pensées
et les avides amours

je n'ai plus que cette rose
éclose par habitude,
arme frêle que j'oppose
À la noire inquiétude.

Signe de vie, Gallimard, 1944

SALVADOR ESPRIU

(1913-1985)

Nous ne voulons rien d'autre

Nous ne voulons
rien d'autre,
avec une espérance
humble,
que la plénitude éternelle
de la rose,
une suprême éternité
de fleur.

Tandis que les maisons de la nuit
se ferment, une à une,
et que l'obscurité pénètre
jusqu'aux sources
de l'aube,
nos yeux apprennent
des doigts très sensibles
d'aveugle
À regarder et à savoir,
À comprendre
d'un lent amour.

Ainsi nous avons parcouru
les fleuves et les montagnes,
le haut plateau sec et les cités,
et nous avons dormi chaque rêve
de leurs hommes.
Nous avons été avec le vent
dans les champs, dans les bois,
dans le bruissement des feuilles et des fontaines,
et nous écrivons
sur cette peau étendue,
sur un cœur caché et immortel,
petit à petit le nom
de Sépharad.

Lavinia, juin 1957
Sinera, juillet 1958
La Pell de brau, 1960

Trad. du catalan par F. Gonzalez Batlle
La Peau du taureau, Ombres, 1990

DYLAN THOMAS
(1914-1953)

Un clown sur la Lune

Mes larmes dérivent comme
Les pétales d'une rose magique
Et toute ma douleur coule
De la faille des cieux et de neiges sans nombre.

Je pense que si je retombais
Sur terre, je m'effriterais ;
C'est si triste et beau
C'est le tremblement d'un rêve.

Trad. de l'anglais (Pays de Galles) par A. Suied
Vision et prière et autres poèmes, Gallimard, 1991

MARGUERITE DURAS

(1914-1996)

On dit que le plein été s'annonce, c'est possible. Je ne sais pas. Que les roses sont là, dans le fond du parc. Que parfois elles ne sont vues par personne durant le temps de leur vie et qu'elles se tiennent ainsi dans leur parfum écartelées pendant quelques jours et puis qu'elles s'effondrent. Jamais vues par cette femme qui oublie. Jamais vues par moi, elles meurent.

L'Homme atlantique, Minuit, 1982

GONZALO ROJAS

(1917-2011)

Qu'aime-t-on quand on aime ?

Qu'aime-t-on quand on aime, grand Dieu : la lumière
terrible de la vie
ou la lumière de la mort ? Que cherche-t-on, que
trouve-t-on, c'est
quoi : amour ? Qui est-il ? La femme insondable, avec
ses roses, ses volcans,
ou ce soleil embrasé qui est mon sang furieux
quand je la pénètre jusqu'aux dernières racines ?

Ou tout est-il un grand jeu, mon Dieu, et il n'y a pas de
femme
ni d'homme mais un seul corps : le tien,
réparti en étoiles de beauté, en particules fugaces
d'éternité visible ?
Je meurs de cela, oh Dieu, de cette guerre
de chassés-croisés avec elles dans les rues, de ne
pouvoir en aimer
trois cents à la fois, parce que je suis condamné pour
toujours à une,
À cette une-là, à l'unique que tu m'as donnée dans le
vieux paradis.

Contra la muerte, 1964

Trad. de l'espagnol (Chili) par F. Bradu et G. Richet
Nous sommes un autre soleil, La Différence, 2013

PAUL CELAN
(1920-1970)

Ce soir aussi

Pleinement,
la neige emplit cette mer
où le soleil flotte,
fleurit dans les paniers la glace
que tu portes vers la ville.

Sable,
tu exiges pour cela,
car la dernière rose intérieure
veut aussi ce soir être rassasiée
de l'heure qui s'écoule.

Trad. de l'allemand par J. E. Jackson
Poèmes, Corti, 2007

Psaume

Personne ne nous pétrira de nouveau de terre et d'argile,
personne ne soufflera la parole sur notre poussière.
Personne.

Loué sois-tu, Personne.
C'est pour te plaire que nous voulons
fleurir.
À ton
encontre.

Un Rien
voilà ce que nous fûmes, sommes et
resterons, fleurissant :
la Rose de Néant, la
Rose de Personne.

Avec
le style, lumineux d'âme,
le filet d'étamine, ravage du ciel,

la couronne rouge
du mot pourpre que nous chantions,
au-dessus, ô, au-dessus
de l'épine.

Trad. de l'allemand par J.-P. Lefebvre
Choix de poèmes, Gallimard, 1998

ANDRÉE CHEDID

(1920-2011)

Démarche

Nul n'a vécu le fond d'une rose
l'espace d'un océan
Ou le lieu de son corps
Nul n'entrevoit l'écart entre le nœud et l'écorce
Ne démêle l'écheveau de l'ombre et de la fleur

Les nuits martèlent nos clairières
Le jour abreuve nos ravins

Nul chemin n'est plus heurté que le nôtre
Mais nul plus souverain

« De tous les lieux du français »,
Fondation d'Hauvilliers
pour le dialogue des cultures, 1975

PIER PAOLO PASOLINI

(1922-1975)

Les cendres de Gramsci

Bourgs du Nord, où
l'adolescent avec fierté
et humilité joyeuse donne naissance
au jeune homme et vit sa jeunesse
en vrai adulte, bien que son œil clair
pleuve tout comme sa tête une lueur enfantine,
mais cette enfance n'est qu'honnêteté
joviale : dans sa vie profonde il laisse
mûrir le monde avec lui.
Voilà pourquoi les hirondelles peuvent encore
le chanter, en se lançant légères
des rondes sur les petites places,
des chants puérils, où les neiges
se dissolvent purifiées en aubépines,
et les aubépines se transforment
grâce à la douce fougue de la semence
en roses, en lys : car les saisons
sont sans frontières, et aucune nouvelle
existence ne fêle l'existence.

Trad. de l'italien par R. de Ceccatty
« L'humble Italie », dans *La Persécution*, Points, 2014

YVES BONNEFOY

(1923-2016)

Dans le leurre du seuil

Donne-moi ta main sans retour, eau incertaine
Que j'ai désempierrée jour après jour
Des rêves qui s'attardent dans la lumière
Et du mauvais désir de l'infini.
Que le bien de la source ne cesse pas
À l'instant où la source est retrouvée,
Que les lointains ne se séparent pas
Une nouvelle fois du proche, sous la faux
De l'eau non plus tarie mais sans saveur!
Donne-moi ta main et précède-moi dans l'été mortel
Avec ce bruit de lumière changée,
Dissipe-toi me dissipant dans la lumière.

Les images, les mondes, les impatiences,
Les désirs qui ne savent pas, bien qu'ils dénouent,
La beauté mystérieuse au sein obscur,
Aux mains frangées pourtant d'une lumière,
Les rires, les rencontres sur des chemins,

Et les appels, les dons, les consentements,
Les demandes sans fin, naître, insensé
Les alliances éternelles et les hâtives,
Les promesses miraculeuses non tenues

Mais, tard, l'inespéré, soudain : que tout cela
La rose de l'eau qui passe le recueille
En se creusant ici, puis l'illumine
Au moyeu immobile de la roue.

Dans le leurre du seuil, Mercure de France, 1975

Ici, toujours ici

[...]

Ici, et jusqu'au soir. La rose d'ombres
Tournera sur les murs. La rose d'heures
Défleurira sans bruit. Les dalles claires
Mèneront à leur gré ces pas épris du jour.

[...]

Hier régnant désert, Mercure de France, 1958

Les pétales serrés les uns contre les autres, avec des courbes qui les gardent pour quelques jours retournés vers ce qui paraît une intériorité de la fleur, si close sous leur masse bien que de la lumière s'y glisse par la porosité de la couleur claire, cela fait penser aux paupières que les dormeurs tiennent fermées eux aussi, sur de l'intime autant que de l'invisible, mais non sans pourtant que du jour vienne visiter cette profondeur quand l'aube d'été envahit l'espace, ou aux heures paisibles de la sieste dans des pays du Sud comme des poètes en rêvent.

Le Sommeil de personne,
William Blake and Co. Edit., 2004

EUGÉNIO DE ANDRADE
(1923-2005)

Urgence

Il est urgent l'amour.
Il est urgent un bateau sur la mer.
Il est urgent de détruire certains mots,
haine, solitude et cruauté,
quelques lamentations,
beaucoup d'épées.

Il est urgent d'inventer le bonheur,
de multiplier les baisers, les moissons,
il est urgent de découvrir des roses et des rivières
et de clairs matins.

Le silence tombe sur les épaules et la lumière
impure, jusqu'à la douleur.
Il est urgent l'amour, il est urgent
de demeurer.

Até Amanhã, 1956

Trad. du portugais, DR

JEAN MAMBRINO

(1923-2012)

Roule les étoiles dans ta main,
jette-les au loin, au fond
de ton esprit, où elles brûlent
et se dissipent en poussière d'or
colorant les galaxies.
D'où vient l'odeur d'une rose jaune,
et quel est le lien entre
cette senteur frêle, orangée,
qui s'épuise, voluptueusement,
quand elle expire,
et l'alchimie des astres
en travail de calcul dans ta cervelle
où se concentre l'essence de la lumière,
l'opulent désastre de tous les mondes,
perçu à travers les feux des nombres
aspirés par les Trous noirs,
que conserve avec eux la fine pointe
de ta pensée ?

Comme un souffle de rosée bruissant,
Arfuyen, 2006

IDA VITALE

(1923)

Être seul

Un malheureux être seul,
un heureux au bord de soi-même.
Quoi de moins ? De quoi souffres-tu en plus ?
Quelle rose veux-tu, rien qu'odeur et rose,
rien que tact ténu, couleur et rose,
sans rude épine ?

Trad. de l'espagnol (Uruguay)
par S. Baron-Supervielle et F. Maspero
Ni plus ni moins, Seuil, 2016

PHILIPPE JACCOTTET
(1925-2001)

Oiseaux, fleurs et fruits

[...]

Toute fleur n'est que de la nuit
qui feint de s'être rapprochée

Mais là d'où son parfum s'élève
je ne puis espérer entrer
c'est pourquoi tant il me trouble
et me fait si longtemps veiller
devant cette porte fermée

Toute couleur, toute vie
naît d'où le regard s'arrête

Ce monde n'est que la crête
d'un invisible incendie

—

Je marche
Dans un jardin de braises fraîches
sous leur abri de feuilles

un charbon ardent sur la bouche

—

Ce qui brûle en déchirant l'air
rose ou par brusque arrachement
ou par constant éloignement

En grandissant la nuit
la montagne sur les deux pentes
nourrit deux sources de pleurs

Airs, Gallimard, 1967

JACQUES DUPIN
(1927-2012)

De la montagne descendu

sur les tuiles du toit divaguant,
du toit, du temps, de sa vie
perdue – et par le trait
plongeant du ravin...

allègrement se dépouille
de sa peau d'aspic, et change
de ligne de mire, de ligne
de crête, contre la nuit...

comme à l'obscène question
il dit : oui, je suis heureux
et de vivre, et d'être mort

et d'écrire ton rire
dans l'air

une rose contre la porte

une rose perfide et nue, autre
et la même qui le porte
en terre
ou son arôme infini

des nuages blancs coupent la crête
la montagne s'obscurcit

Le Grésil, repris dans *Ballast*,
Gallimard, 2009

ÉDOUARD GLISSANT
(1928-2011)

Beauté

À Max Clarac-Sérou

C'est par ici un vent de roses solennelles c'est azur
Tissant en floraison d'irréelles, si belles mains
C'est l'été que le vent dépouille de son rêve, l'enfant nu
Pleurant devant le jour, attendant midi.

Ta ville te comprend. À peine un mot implore cette
    brise
Invisible qui nous oblige à nous vanter de
    transparences
Et plus secrète dans sa sève et innommable. Vois,
Le sel recouvrir la saison, les arbres roux, l'enfant.

Des roses irréelles nous nommons l'impur encens.

Le Sang rivé. Poèmes, Présence africaine, 1961

MILAN RÚFUS

(1928-2009)

Je n'ai qu'une rose entre mes doigts

Je n'ai qu'une rose entre mes doigts
qu'un fragment de cette fête.
Dans les veines une foi vivante
et dans ma gorge une poignée de mots.
Mon chant s'enroule
comme le fil autour du fuseau
d'un instant qui sera un jour
un jour pour tous un instant de joie.
Ce moment nous reviendra à nous et
aux hommes de bonne volonté
dans l'âpre combat que nous menons pour
gagner l'incandescente sagesse.

Mais je sais qu'il restera
comme un pain sur notre table
un jeu de frontières
une invite
des solitudes du profond désert :
l'amour qui gouverne le monde se sera assis à notre
table.

Trad. du slovaque par A. Cornevin
L'Inquiétude du cœur, La Différence, 2002

SALAH STÉTIÉ

(1929-2020)

L'enfant de cendres

I.

La rose de ce monde est l'enfant de la nuit
Établie dans la blancheur du jour
Effacée par le jour
Donnant sa lampe de fraîcheur à tous les arbres
Puis reprise et dévastée par le jour

Oh les violons recourbés par les fleuves
Endormis dans de la joliesse et dans la mort
Ainsi que rose obscure ouverte au cœur
Violons sont-ils, gardés par la parole
Comme un excès de neige

Les mots, les morts de l'apparue des neiges
Voici leur déchirure
Aveugles de cela que leurs yeux pleurent
Dans un pays de plâtre et de vent nu
Où vient de nuit le songe de l'amour
La terre autour brûlant ses fleurs

[...]

III.

Et l'arc est impossible
Et la flèche est impossible
Et le centre est impossible
Et le cœur est impossible
L'enfant de qui les poumons sont les rosiers
Et la parole où vient s'abriter la neige
L'heureuse courbe de la mort liant la vie
À tout ciel impossible
À la pierre à la pluie
À la pitié de la pierre et de la pluie
À la pierre où toute fin devient pluie

L'Enfant de cendres, Fata Morgana, 1996

FRANÇOIS CHENG
(1929)

Miracle

Lorsque par-dessus l'abîme qui sépare
Resplendit l'étoile
        de la prime étincelle

Lorsque par-delà la nuit des temps morts
Le cauchemar éclot
        en rose-thé du jour

Lorsque jamais entendus, les appels vains
Se transmuent enfin
        en murmures ininterrompus

Miracle cette vie qui s'offre
Tout de consentement et d'entendement
        entre les mains, entre les lèvres

Laisse-toi traverser par le souffle inouï
        par le pur souffle du oui !

Le Livre du vide médian, Albin Michel, 2004

Cette promesse de printemps, rose-thé
tenue au bout des doigts
Toute la nostalgie terrestre
s'y trouve contenue

Toute la nostalgie en un bouton d'or
gonflé de lait et de larmes
Que nuit-aurore n'épuisera pas

Cette promesse que tu détiens
Combien tu la transmues en offrande
sachant que tout est donné dès ici

Une vie d'attente au cœur de la vallée
Une paume ouverte instaure le royaume

Le Long d'un amour, Arfuyen, 2003

Voilà enfin la rose qui se manifeste dans tout l'éclat de sa présence, propageant ses ondes rythmiques vers ce à quoi elle aspire, le pur espace sans limites. Cette irrépressible ouverture dans l'espace est à l'image d'une fontaine qui rejaillit sans cesse du fond. Car pour peu que la rose veuille durer le temps de son destin, elle se doit de s'appuyer sur un enfouissement dans la profondeur. [...]

Pourtant le poète, lui, a écrit : « sans souci d'elle-même, ni désir d'être vue ». Il est vrai que le pourquoi d'une rose étant d'être pleinement une rose, l'instant de sa plénitude d'être coïncide avec la plénitude de l'Être même. Autrement dit, le désir de la beauté s'absorbe dans la beauté; celle-ci n'a plus à se justifier.

[...] La beauté de la rose dont l'éclat résonne à tout l'éclat de l'univers - outre le rôle qu'elle joue dans l'« éducation » du regard des hommes, ces créatures douées d'yeux et d'esprit - il n'y a en fin de compte qu'un regard divin qui puisse l'accueillir.

Cinq méditations sur la beauté,
Albin Michel, 2006

ADONIS
(1930)

Rainer Maria Rilke

Après que la rose se fut donnée au soleil, et fanée,
Le vent hérita de sa poussière d'or.
La terre dit alors aux ruines de la rose : voilà mon chant
Qui m'est revenu.

Trad. de l'arabe par C. Abdelamir et S. Sautreau
Mémoire du vent, Gallimard, 1991

✦

Qu'a-t-elle, cette rose ?
Elle a commencé de se flétrir
dès que le soleil l'a prise.
Serait-elle l'amante de la nuit ?

Trad. de l'arabe par C. Abdelamir et C. Esteban et S. Sautreau
Mémoire du vent, Gallimard, 1991

Tout le long du jour j'ai été occupé
Par la discussion avec cette rose
Comment la convaincre de parler
À son tour.

Trad. de l'arabe par A. Wade Minkowski
Célébrations, La Différence, 1988

Hier lors de notre rencontre
Je libérais mon âme de la nuit de ses chaînes
J'apprenais à ses cils
Comment te regarder

Regarde-la voilà qui coule entre nous
La nommerais-tu vague ?
La nommerais-tu rose ? Prends-la
Émiette-la sur tes lèvres

Trad. de l'arabe par
V. Khoury-Ghata et I. Makhlouf
La Forêt de l'amour en nous,
Mercure de France, 2009

UMBERTO ECO

(1932-2016)

La rose d'hier n'existe plus que par son nom, nous n'en tenons que des noms purs.

Trad. de l'italien par J.-N. Schifano
Le Nom de la rose, Grasset & Fasquelle, 1982
(reprenant Bernard de Morlaix,
De contemptu mundi, XIIe siècle)

SILVIA BARON-SUPERVIELLE

(1934)

je t'aime de neige silencieuse
et de mer qui éclate sur la plage
et repart empressée sans un adieu
clandestin et avec mon sang
palpitant qui fait des pauses
comme la plaine regarde les étoiles
et les fleuves désirent la mer
je t'aime de soleil dans la tempête
enragée qui déracine la forêt
et de genêts de roses de glycines
quand la poussière emporte
les chemins et la terre
reste en attente.

Sur le fleuve, 2013

En marge. Poèmes choisis, Points, 2020

ALEJANDRA PIZARNIK

(1936-1972)

un regard jeté du cloaque
peut être une vision du monde
la révolte consiste à regarder la rose
À s'en pulvériser les yeux

Arbre de Diane, 1962

Trad. de l'espagnol (Argentine) par C. Couffon
et S. Baron-Supervielle
Œuvre poétique, Actes Sud, 2005

MAHMOUD DARWICH

(1941-2008)

S'envolent les colombes

[...]

S'envolent les colombes.
Se posent les colombes.

Mon aimé et moi sommes deux voix en une seule lèvre
Moi, j'appartiens à mon aimé et mon aimé est à
son étoile errante
Nous entrons dans le rêve mais il s'attarde pour
se dérober à notre vue
Et quand mon aimé s'endort je me réveille pour
protéger la rêve de ce qu'il voit
J'éloigne de lui les nuits qui ont passé avant
notre rencontre
De mes propres mains je choisis nos jours
Comme il m'a choisi la rose de la table
Dors, ô mon aimé
Que la voix des murs monte à mes genoux
Dors, mon aimé
Que je descende en toi et sauve ton rêve d'une épine
envieuse
Dors, mon aimé
Sur toi les tresses de ma chevelure. Sur toi la paix.

S'envolent les colombes.
Se posent les colombes.

[...]

– Ma hanche est une plaie ouverte, car je t'aime
Et je cours de douleur dans les nuits agrandies par la
crainte de ce que j'appréhende.
Viens souvent et absente-toi brièvement.
Viens brièvement et absente-toi souvent.
Viens et viens et viens. Aah d'un pas immobile.
Je t'aime car je te désire. Je t'aime car je te désire.
Et je prends une poignée de ce rayon encerclé par les
abeilles et la rose furtive.
Je t'aime, malédiction des sentiments.
J'ai peur de toi pour mon cœur. J'ai peur que mon
désir se réalise.
Je t'aime car je te désire.
Je t'aime, corps qui crée les souvenirs et les met à
mort avant qu'ils ne s'accomplissent.
Je t'aime car je te désire.
Je modèle mon âme à l'image des deux pieds, des deux
édens.
J'écorche mes plaies avec les extrémités de ton
silence... et la tempête
Et je meurs pour que les mots trônent dans tes mains.

S'envolent les colombes.
Se posent les colombes.

Trad. de l'arabe par A. Laâbi
Plus rares sont les roses, Minuit, 1989

LYDIE DATTAS

(1949)

Les marches du parfum

Je ne peux m'empêcher d'aimer ce que je vois :
la beauté est partout où mon regard se pose
lorsque le ciel n'est plus que la pourpre du cœur.
Je regarde monter l'encens de ma pensée,
comme ce feu subtil qui entoure les roses.
L'ivresse la plus grande est la lucidité.
Les anges font brûler du parfum dans les fleurs,
je suis plus désarmée que si j'allais mourir.
Les roses ont transformé ma douleur en parfum,
et mon cœur consumé sur le bûcher des roses :
les roses m'ont toujours aimée comme une sœur.
Je marche sous le ciel brûlant de la pensée,
je gravis une à une les marches du parfum,
non pas proche de Dieu mais divine moi-même.

Le Livre des anges, Gallimard, 2020

CHRISTIAN BOBIN

(1951-2022)

Ce que j'appelle jeune, c'est vie, vie absolue, vie confondue de désespoir, d'amour et de gaieté. Désespoir, amour, gaieté. Qui a ces trois roses enfoncées dans le cœur a la jeunesse pour lui, en lui, avec lui.

La Plus que vive, Gallimard, 1997

✦

Bach c'est une rose. La structure d'une rose est toujours la même, et pourtant je n'imagine pas qu'on puisse un jour s'en lasser.

La Lumière du monde, Gallimard, 2001

Enfant, avant la merveilleuse catastrophe d'apprendre à lire, je dévorais les pages de la lumière. L'odeur de rouille d'une rose ancienne me soûlait. J'aimais cette proposition que les fleurs font au premier venu, leur manière de pousser leur âme devant elles brutalement, comme font les timides. Leurs couleurs sont des pensées-buées, des pensées non encore fixées dans une formule.

Un bruit de balançoire, L'Iconoclaste, 2017

Postface
par Jeanne Barzilaï

... lorsqu'il me faudra affronter le noir cavalier : mon recours, le seul, sera de lui lancer aux yeux cette poignée d'amour fou sur quoi mes mains, toujours, se sont refermées.

Christian Bobin, *L'Enchantement simple*

Cette anthologie est née d'une longue histoire. À vingt-trois ans, je connus une rupture amoureuse soudaine et ordinaire – les ruptures se ressemblent toutes, même si pour chacun d'entre nous elles ne sont jamais banales. Il nous semble alors que nous ne pourrons plus aimer. Que le monde se vide de toute possibilité, de toute beauté. Qu'une partie de nous meurt à jamais. Pour échapper à la tristesse, je rejoignis une amie au Rosebud, un café de Montparnasse, rue Delambre. Mon amie prenait un verre avec un beau jeune homme au regard solitaire. Sans me connaître, il perçut mon désarroi et prit une des roses blanches qui se trouvaient dans un grand vase posé sur le vieux comptoir du bar, et me l'offrit. « L'amour refleurit toujours », me dit-il avec douceur. Je n'avais pas l'habitude d'un geste si généreux. Et l'amour est resté depuis associé au souvenir de cette rose blanche, comme un ciel limpide, la possibilité infinie d'un renouveau. J'appris par la suite que cet homme était Diego Gary, le fils de Romain Gary, qui avait dû si jeune affronter un double deuil, le suicide de sa mère, Jean Seberg, puis celui de son père.

Quelques années plus tard, je rencontrai une femme exceptionnelle : Michèle Rosier, ancienne journaliste, réalisatrice. Elle avait vécu de nombreuses vies, connu de grandes amours, de nombreux pays, embrassé des mondes et tous les arts, s'était donnée avec passion, mais elle n'avait pas eu d'enfants. Un jour, elle avait peut-être soixante-quinze ans, elle me dit avec un sourire triste : « Je suis un rosier qui n'a pas donné de fleurs... » Touchée par ce jugement aride, je lui écrivis un poème : « *Les roses que nous faisons fleurir sont invisibles à nos yeux, / Quand nous sommes loin, elles resplendissent...* » Grâce à elle, à ce rosier aux fleurs silencieuses et cachées, je compris que chaque mot, chaque geste peut créer autour de nous de la beauté ou du chaos, de la joie ou de la tristesse. Que ce que nous enfantons nous échappe et nous dépasse toujours... La rose m'en a semblé la plus belle image, éphémère et puissante – une rose qui fleurit dans notre sillage, rayonnante, à notre insu. Et que d'autres peuvent cueillir.

Puis je découvris « Psaume », le poème de Paul Celan, « *Un Rien / voilà ce que nous fûmes, sommes et / resterons, fleurissant : / la Rose de Néant, la / Rose de Personne* », et « Front de la rose » de René Char. La rose y devient la métaphore de notre existence, une sœur secrète qui nous rappelle « *l'or ultime d'astres chus*[1] »,

1 Georg Trakl, « Au petit Elis », trad. de l'allemand par L.-E. Martin.

l'éclat flamboyant de nos vies, malgré leur brièveté et leur solitude – malgré les tragédies qui émaillent les destinées humaines. Rien ne nous sépare de la fleur en son essence, de sa beauté et de sa force qui sont aussi les nôtres – quand nous restons vivants, et non l'ombre de l'être que nous ne devrions jamais cesser d'être. Il nous revient d'embrasser continuellement la lumière de l'été, même quand elle s'est éteinte. Car « *dans nos ténèbres, il n'y a pas une place pour la Beauté. Toute la place est pour la Beauté*[2] ». Et le souffle de la rose, le souffle poétique, permet ces éternelles noces et retrouvailles.

Au cours de mes lectures, il m'est ainsi apparu que la rose est un fil d'Ariane dans la littérature, un fil d'or incandescent : loin d'être un motif mièvre ou éculé, elle cristallise des enjeux amoureux, existentiels, métaphysiques et poétiques essentiels. Le poète portugais Eugénio de Andrade l'écrit : « *Il est urgent d'inventer le bonheur, /* [...] *il est urgent de découvrir des roses et des rivières et de clairs matins.* » Il est urgent de revenir à ce qui nous sauve et nous élève, nous ouvre les yeux sur la vaste beauté du monde. Et nous délivre du labyrinthe.

Sans être exhaustive, cette anthologie réunit des textes et poèmes d'Orient et d'Occident traversés par cette urgence, qui de l'Antiquité à nos jours ont célébré et chanté la rose, sa beauté et sa fragilité. La beauté et la fragilité mêmes de nos vies, qui nous appellent au dépassement, sans nous perdre dans ce

---

2 René Char, *Fureur et mystère*, Gallimard, 1948.

qui nous divise ou nous déchire, sans nous attarder dans l'ombre ou la douleur. Éprouver la joie, célébrer la vie, l'amour, malgré les vicissitudes de l'Histoire ou de nos existences, malgré la fracture du monde – sans nous affranchir de notre lucidité et de notre désespoir. Mais en choisissant toujours l'émerveillement, l'élévation, le ressaisissement et la révolte face à tout ce qui pourrait nous plonger dans l'abîme.

« Aime les roses.
Le reste est l'ombre
D'arbres étrangers. »
Fernando Pessoa

Présence ultime, splendeur éphémère : la rose à travers les siècles et les pays a toujours été l'allégorie de la Beauté, mais aussi la métaphore de l'amour charnel ou mystique. Chez les Grecs déjà, la rose est la reine des fleurs. Elle est associée à Aphrodite, la déesse de l'Amour, qui en voulant sauver son amant, le bel Adonis, se blessa le pied sur des roses blanches; son sang les colora d'un rouge ardent. Ainsi apparurent les premières roses rouges, symboles de la passion irrépressible et de la volupté. Mais aussi de l'amour qui peut vaincre la mort, et de sa renaissance. Deux poètes, l'un grec, l'autre latin, Bion et Dracontius, ont raconté que la rose est née du sperme de Dionysos[3]... Serait-elle alors fille de l'ivresse, de la fertilité et du plaisir ?

3 Charles Dantzig, « Les livres de métamorphoses : la rose », France Culture, émission de mars 2023.

Chez les poètes romantiques, la rose sera plus encore la métaphore de l'amour éternel ou absolu, de la dévotion, tandis que d'autres la délaisseront. Baudelaire la jugeait trop usée. Dans *Les Fleurs du mal*, les roses n'apparaissent que deux fois, et à contre-emploi : *« Je suis un vieux boudoir plein de roses fanées »* (« Spleen »), *« Car je ne puis trouver parmi ces pâles roses / Une fleur qui ressemble à mon rouge idéal »* (« L'Idéal »).

Heureusement tant de poètes n'ont cessé de l'invoquer... La rose *« embrase le monde »*, nous murmure Christina Rossetti. Les désirs sont ceints de roses chez Constantin Cavafis. Pierre-Jean Jouve observe son amante : *« Et je vois gonfler dans tes cheveux / La rose magnétique et pourpre de ce monde. »* Paul Eluard évoque la *« Rose à finir sous les lèvres / En silence sous les lèvres / Du plus grand plaisir connu »*. Pablo Neruda parle de la femme aimée comme une *« rafale de rosier »*, *« en mon désert tu es la rose ultime »*, et il décrit les *« roses du pubis »*, le désir illimité. Faut-il le rappeler, la rose est l'anagramme d'Éros. Et Thanatos n'est jamais loin, à tenter de briser cette puissance de vie.

La beauté de la rose ne dure pas, elle disparaît à peine éclose. Depuis l'Antiquité, la rose est aussi chantée quand le cercle rayonnant de l'amour a perdu son éclat. Elle devient le symbole de la brièveté de la vie, du temps destructeur, des amours défuntes. D'Ausone à Khayyâm, de Ronsard à Nerval, la célébration de la rose prend la forme d'un *Carpe diem*, d'un avertissement ou d'une nostalgie douloureuse. *« Vous n'avez point cueilli des roses* [...] *vous descendrez donc obscure, ignorée* [...]

on vous oubliera entièrement quand vous serez allée rejoindre les ombres », écrit Sappho. *« Cueillez dès aujourd'hui les roses de la vie »*, nous enjoint Pierre Ronsard. *« Et rose elle a vécu ce que vivent les roses »*, nous dit Malherbe. Chez Gérard de Nerval, la rose flétrie nous rappelle notre destin funeste. Et Mallarmé s'identifie à la rose cruelle ou déchirée, et lasse.

Mais la fleur refleurit, et sa brièveté même ne peut amoindrir sa vie étincelante. Éros déjoue toujours Thanatos, par sa ténacité, cette renaissance continuelle. La rose devient alors un symbole de la perfection de l'être, de l'élan irréductible de la vie et de sa splendeur. *« La rose est sans pourquoi, fleurit parce qu'elle fleurit; / Sans souci d'elle-même, ni désir d'être vue »*, écrit au XVIIe siècle le poète et mystique Angelus Silesius. La lumière comme la beauté ne forcent pas, elles existent – elles sont pure présence. Elles sont la vie même, dans l'innocence de sa puissance.

Pourquoi ce monde est-il beau ? Cette beauté a-t-elle un sens ? C'est un mystère. *« L'éclat de la rose résonne avec l'éclat du monde* [...] *Il n'y a en fin de compte qu'un regard divin qui puisse l'accueillir »*, nous dit François Cheng[4] en nous rappelant que, pour que le miracle de la rose existe, il a fallu que l'univers évolue pendant des milliards d'années... *« Seule la rose est assez fragile – pour exprimer l'Éternité »*, écrit encore Paul Claudel. *« Car rien n'est divin sur la terre à l'égal du parfum des roses dans la nuit »*, s'émerveille Pierre Louÿs.

4. *Cinq méditations sur la beauté*, Albin Michel, 2017.

Cela signifie-t-il que la beauté est ineffable? Qu'on ne peut rien en dire? Est placée en exergue à cette anthologie une phrase du philosophe Abélard : *Nulla rosa est*, « Il n'est nulle rose ». Pour Abélard, le langage peut parler de choses abolies ou qui n'existent pas – il nous permet de décrire le réel et de penser, mais il est trop abstrait, trop large pour saisir l'unicité, l'âme vibrante et subtile des choses. La « Rose » n'existe pas, il n'existe que des roses singulières. Les mots communs vident le monde de sa présence, ne peuvent saisir la multiplicité infinie et miroitante de l'être. Ainsi la rose véritable est plus que la « rose », aux *« confins de chair et de songe »*, elle cherche autre chose, nous dit Federico García Lorca... Comme le silence, elle disparaît dès que nous la nommons.

Le poète Adonis nous confie : *« Tout le long du jour j'ai été occupé / Par la discussion avec cette rose / Comment la convaincre de parler / À son tour. »* Comment se hisser à la hauteur d'une telle présence? Comment vaincre son silence?

C'est ici qu'apparaît le poète, qui de cette absence, de cette faiblesse inhérente au langage, déploie une alchimie miraculeuse. Par sa parole et son souffle, il parvient à saisir et exprimer l'indicible. Il peut dévoiler et recréer le monde, lui rendre son unité, son immensité profondes.

Cette anthologie met en lumière cette quintessence de l'art poétique, sa puissance incantatoire, sa puissance émotionnelle et créatrice – tel *« Orphée qui descend vers Eurydice, l'art est la puissance par laquelle s'ouvre la nuit*[5] », il nous restitue une beauté qui rivalise avec la mort : *« La rose! Le champ de ses allées éventerait même la hardiesse de la mort »*, écrit René Char. Le chant du poète cherche à nous rendre la majesté du monde, son mystère, il nous rapporte des Enfers des roses immarcescibles, parfois au prix de son impossibilité de vivre. Il fait de l'absence irréductible une présence inépuisable.

« *Et si je composais* [...] *le livre du "Jardin des roses"?* [...] *Vivant, mon jardin restera!* » nous promet Saadi.

À la toute fin de son roman *Le Nom de la rose*, Umberto Eco reprend et détourne la sentence d'un moine bénédictin du XIIe siècle, Bernard de Morlaix : *« La rose d'hier n'existe plus que par son nom, nous n'en tenons que des noms purs »* (*Stat rosa pristina nomine, nomina nuda tenemus*). Pas des noms vides ou muets, mais l'âme, la musique secrète des choses et des êtres, que la magie du poème peut ressusciter.

L'homme a un devoir d'intelligence et de beauté, mais il est aussi de son devoir d'aimer ce monde, d'honorer sa beauté, de s'élever vers elle. Cette anthologie répond à ce devoir d'émerveillement face à la splendeur de ce qui nous entoure, mais aussi face à la puissance du langage poétique, à sa force créatrice, dont nous sommes tous les dépositaires et les gardiens. Et qui nous enjoint de vivre, de créer et d'aimer passionnément avant de disparaître avec la magnificence et la fulgurance des roses.

Skyros, 2024

---

5 Maurice Blanchot, *L'Espace littéraire*, Gallimard, 1955.

Remerciements

Je ne saurais trop remercier le directeur des Éditions Seghers, Antoine Caro, qui m'a donné sa confiance et a soutenu ce projet avec enthousiasme ;
Estelle Cocco, qui a accompagné avec rigueur et patience l'édition de cet ouvrage ;
Vahram Muratyan, pour la conception graphique, et Corinne Liger, pour la mise en page de cette maquette resplendissante.
Je remercie René de Ceccatty pour sa magnifique préface, sa générosité, et de m'avoir fait connaître le poème « Les cendres de Gramsci » de Pasolini.
Je remercie David Boratav, Lionel-Édouard Martin, Pierre Mathé et Pascal Luccioni, qui m'ont donné gracieusement leurs belles traductions.
Enfin, je remercie Judith Brouste et Pierre Brullé pour leur regard éclairé tout au long de l'élaboration de cet ouvrage.

Table

Pour plus d'information :

#lisez engagé !
www.lisez.com

Imprimé sur du papier issu de forêts gérées durablement.

Mise en page : Corinne Liger
Achevé d'imprimer en France par Normandie Roto s.a.s.
Dépôt légal : Octobre 2024
N° d'édition : S14803/01
N° d'impression : 2403952